mandelbaum *verlag*

Viola Raheb | Marwan Abado

Zeit der Feigen

Die Küche von
Bethlehem bis Damaskus

mandelbaum *verlag*

www.mandelbaum.at

ISBN 978-3-85476-436-6
© Mandelbaum Verlag Wien 2014
Alle Rechte vorbehalten
3. Auflage 2014

Lektorat und Satz: Inge Fasan
Umschlaggestaltung: Michael Baiculescu
Cover & Illustrationen: Linda Wolfsgruber
Druck: Interpress, Budapest

INHALT

9 Der Topf hat seinen Deckel gefunden …

10 **Die arabische Küche**
11 Bilad al-sham – ein Knotenpunkt
14 Der Ausspruch meiner Mutter und der heilige Sonntag

18 **Kochen im Zyklus der Jahreszeiten**

21 **Frühling**
24 Vorspeisen
33 Hauptspeisen
41 Frühlingsmenüs

42 **Die vegetarische Küche**

45 **Sommer**
48 Vorspeisen
56 Hauptspeisen
66 Sommermenüs

67 **Kochen und Essen in der arabischen Sprache**
67 Oh, du Gurke …
72 Die Süße deiner Seele offenbart sich in dem, was du kochst

75 **Suppenzeit**

82 **Gastfreundschaft**
83 Kulturelle Missverständnisse

85 **Herbst**
88 Vorspeisen
93 Hauptspeisen
101 Herbstmenüs

102 **Der Weizen wandert ...**
104 Brot und Öl zeigen das Gedeihen des Hauses
105 Jrieche – Weizenschrot oder der Einzug der »schnellen Küche«

107 **Der gesegnete Baum**
108 Der Klang der Olivenhaine

111 **Winter**
114 Vorspeisen
121 Hauptspeisen
131 Wintermenüs

132 **Trauben und Wein**

134 **Gewürze und Kräuter**

137 **Süßigkeiten**

149 **Kaffee**

155 **Getränke**

163 **Allgemeine Erklärungen, Kochratschläge und Grundrezepte**

173 Literatur
175 Glossar Österreichisch-Deutsch
176 Rezeptverzeichnis

Dieses Kochbuch ist in (Ost-)Österreich entstanden, folglich haben wir uns dazu entschlossen, auch die in Österreich gängigen Bezeichnungen für Lebensmittel bzw. Koch- und Küchengeräte zu verwenden. Ein österreichisch-deutsches Glossar am Ende des Buches erleichtert den LeserInnen in Deutschland das Nachkochen.

Bei der Transkription der arabischen Begriffe haben wir uns dazu entschlossen, rein phonetisch vorzugehen und die Worte so zu schreiben, wie sie für einen deutschsprachigen Menschen am ehesten entziffer- und aussprechbar sind.

Wenn im Rezept nicht anders angegeben, gelten die Angaben für 4 Personen. An Abkürzungen wurde verwendet: EL (Esslöffel), TL (Teelöffel), 1 Tasse hat etwa das Fassungsvermögen von einem Viertelliter, 1 Glas eher das Fassungsvermögen von einem Achtelliter (so es sich um Wein handelt).

Die Angabe »Bund«, etwa für Petersilie, entspricht der Menge, die Sie im Supermarkt bekommen. Wenn Sie auf dem Markt einkaufen, ist ein Bund Grünzeug oft beträchtlich mehr.

Bitte beachten Sie, dass verschiedene Zutaten, die in diesem Buch vorkommen, auch in anderen mediterranen Küchen verwendet werden. Die Schreibung der Bezeichnungen für Kräuter oder Gewürze kann also differieren. Wenn Sie das eine oder andere Gewürz in Ihrem gewohnten Supermarkt nicht finden, begeben Sie sich auf Entdeckungsreise beim nächsten orientalischen Lebensmittelhändler – er kann Ihnen sicher weiterhelfen.

DER TOPF HAT SEINEN DECKEL GEFUNDEN ...

Jeder Kochvorgang basiert auf einer persönlichen Note. Das gleiche Gericht kann unterschiedlich ausfallen je nachdem, wie es vorbereitet wird und welche Leidenschaft dahintersteckt. Mein Mann und ich kochen beide sehr gerne. Wir sind beide Palästinenser, müssten also eigentlich dieselbe Küchentradition kennen. Doch gleich ist nicht gleich. Die persönlichen Noten, die wir jeweils mitbringen, kommen durch unsere unterschiedliche geografische Herkunft: Die Familie meines Mannes Marwan stammt aus dem Norden Palästinas, wobei er selbst aber in Beirut zur Welt kam und somit noch dazu mit der libanesischen Küche groß wurde. Meine Familie wiederum stammt aus dem Süden Palästinas. Dazu kommen unsere Familientraditionen, die Jahre im Ausland und die Begegnung mit Kochtraditionen aus anderen Teilen der Welt. Unsere persönlichen Vorlieben zeigen sich deshalb in unserer Küche. Bei der Zubereitung nahezu eines jeden Gerichtes gibt es eine Kleinigkeit, die der eine von uns anders macht als die andere, und diese Kleinigkeit – sei es das Salz, die die Wahl der Gewürze oder die Art der Zubereitung – macht aus dem an sich gleichen Gericht ein neues.

Kochen, ein Zündstoff für die Beziehung? Nicht wirklich, denn das gemeinsame Kochen funktioniert bei uns sehr gut. Unser Geheimnis: Es gibt immer einen Hauptkoch und eine Hilfskraft. Die Zutaten und die Art der Zubereitung obliegen dem Hauptkoch, das Schneiden, Abwaschen und Aufräumen obliegt der Hilfskraft. Dabei wird diskutiert und die Meinungen vermischen sich wie die Zutaten im Topf. Das war auch bei der Erstellung dieses Buches so: Welches Rezept nehmen wir und nach welcher Kochart? Welche Bezeichnung benutzen wir und nach welcher Region? Eine spannende Aufgabe, die ihre Würze durch das Stöbern in Kindheitserinnerungen und die Erinnerungen an Sprichwörter, Bräuche und Traditionen bekam.

DIE ARABISCHE KÜCHE

Er kostete und kehrte wieder ...

Eine einheitliche arabische Küche gibt es nicht. Die kann es auch kaum geben bei 22 Ländern, die sich über zwei Kontinente erstrecken, unterschiedliche Landschaften, Geschichten und Völkerzusammensetzungen hervorbringen.

Die Mehrheit der Rezepte dieses Buches stammen aus dem Gebiet »Bilad al-sham«[1], ein bis in die Neuzeit verwendeter Begriff für die Länder Syrien, Libanon, Palästina und Jordanien. Diese vier Länder verfügen über eine ähnliche Landschaft, eine ähnliche Geschichte zusätzlich zu der geografischen Nähe, die sich nicht nur in der Küche, sondern ebenso in der Sprache niederschlägt: Die Dialekte dieser Länder sind am ehesten miteinander verwandt. Es ist deshalb recht schwierig, heute darauf zu schließen, welche Gerichte ursprünglich aus welchem Land stammen, auch wenn die Tendenz zur Definition von Nationalküchen immer mehr im Trend liegt. Diese Region – wie der gesamte arabische Raum – war über Jahrhunderte Durchzugsgebiet für viele Völker und Karawanen, sie stand über 400 Jahre unter ottomanischer Herrschaft, später unter derjenigen verschiedener Kolonialmächte. Das macht eine Unterscheidung einzelner nationaler Gerichte nahezu unmöglich. Gleichzeitig ist es wichtig, sich daran zu erinnern, dass das Konzept der Nationalstaaten in diesem Raum eine eher junge Entwicklung darstellt. Spannend ist dennoch, welche Rolle die Küche bei nationalen, ethnischen sowie religiösen Abgrenzungen oder bei der Identitätsbildung spielt.

---

1 Al-sham ist die klassisch arabische Bezeichnung für Syrien, damit ist Groß-Syrien gemeint oder auch die Levante.

Bilad al-sham – ein Knotenpunkt

Die Küche in dieser Region hat – wie alle anderen – dynamischen Charakter. Sie verändert sich ständig, nicht nur heute, dem Trend der Globalisierung folgend, sondern auch historisch gesehen. Über die Jahrhunderte sickerten verschiedene Einflüsse anderer Völker in die arabische Küche ein, die heute als integraler Bestandteil arabischer Kochkunst angesehen werden. Die Lage von Bilad al-sham auf der Seidenstraße, die aus diesem Gebiet einen Knotenpunkt zwischen Ost und West, Süd und Nord machte, spielte dabei eine wichtige Rolle. Aus der persischen, später aus der türkischen Küche stammen etwa die »Mahshi«-Gerichte, also jene Gerichte, bei denen Gemüse wie etwa Weinblätter, Zucchini oder Paprika gefüllt werden, oder auch die gefüllten Teigtaschen. Aus der armenischen Küche kommt bis heute die Tradition der Fleischkonservierung und Wurstproduktion, etwa Basterma oder Sujuq. Die scharfen Gerichte in der arabischen Küche haben ihren Ursprung eher in der kurdischen Tradition, ebenso der Einsatz von Gewürzen, die über Südostasien kamen.

Die Beziehung zwischen den Menschen, ihre Essgewohnheiten, die Landschaft, in der sie leben, das Klima sowie ihre Kultur bilden den Schlüssel zur Küche. Es geht uns in diesem Buch nicht um eine wissenschaftliche Arbeit, sondern vielmehr um eine soziokulturelle Perspektive beim Erkunden der Küche. Gleichzeitig ist es uns ein Anliegen, deutschsprachigen Interessierten einige der mündlichen Überlieferungen aus dieser Region zugänglich zu machen. An dieser Stelle möchten wir, zwei gebürtige Palästinenser, die ethnologische Arbeit des deutschen Theologen Gustaf Dalman[2] hervorheben, der Ende des 19. Jahrhunderts in der Region forschte und darüber schrieb.

Sehr persönliche Notizen stellen die kurzen Erinnerungen in diesem Buch dar. Für uns beide, die wir heute in der Diaspora leben, ist es ein Stück biografische Dokumentation und gleichzeitig ein Stück Heimat.

---

2   Gustaf Dalman (1855-1941), erster Direktor des 1902 in Jerusalem eröffneten Deutschen Evangelischen Instituts für Altertumswissenschaft des Heiligen Landes. Bis 1914 führte er regelmäßig Kurse für junge Theologen aus Deutschland durch und studierte dabei das Land Palästina und das Leben seiner Bewohner. Daraus entstand sein Hauptwerk »Arbeit und Sitte in Palästina« (8 Bde.).

DER AUSSPRUCH MEINER MUTTER UND DER HEILIGE SONNTAG

Schon als Kind erlebte ich Küche und Kochen im großen Stil, eine Erfahrung, die mich nach all den Jahren in Wien immer noch prägt. Ich wurde als siebentes und jüngstes Kind in einer palästinensischen Flüchtlingsfamilie geboren. Meine Eltern stammen aus Kufr Birem, einem maronitisch-christlichen Dorf im Norden Galiläas. Meine Eltern und ein Teil meiner Geschwister lebten an unterschiedlichen Orten im Libanon, bis wir uns in einem palästinensischen Flüchtlingslager im Norden von Beirut ansiedelten. Bei einer derart großen Familie wurde immer in großen Mengen gekocht. Zu dieser neunköpfigen Familie gehörte noch eine erblindete Großmutter, der Großvater und natürlich nahe und entferntere Verwandte, die öfters zum Essen kamen. Da Flüchtlinge meist nicht viel besitzen, verwenden sie beim Kochen einfache Zutaten. Zudem ist die Gegend, aus der meine Eltern stammen, eine bäuerliche und somit bestand ihre Küche aus Linsen und wieder Linsen, aus Weizenschrot und nochmals Weizenschrot. Einzig der Sonntag war ein »heiliger Fleischtag«. Im Dorf meiner Eltern schlachtete man am Samstag und Sonntag. Ich hörte schon als kleiner Bub nahezu jede Woche den berühmt gewordenen Ausspruch meiner Mutter, der übersetzt etwa so viel bedeutet wie: »Gib das Geld in deinen Taschen aus, dann kommt das Verborgene zutage.«

Mit diesem hoffnungsvollen Satz wurde das ersparte Kleingeld ausgegeben, um einem eventuell zu erwartenden Geldregen nichts in den Weg zu stellen! Ein zwiespältiger Ratschlag, aber auch eine wichtige Waffe, um die damalige schwierige Situation zu überwinden.

Der Sonntagstisch also war immer mit Speisen aus frisch geschlachtetem Fleisch bestückt: Wir aßen Kubbeh, ein Gericht aus faschiertem Fleisch mit vielen Gewürzen und Weizenschrot. Daher war ein riesiger Steinmörser mit einem ebenso riesigen Holzstößel der ganze Stolz und ein wichtiger Wegbegleiter unserer Familie. Obwohl dieser Steinmörser sicherlich der Verursacher diverser Leistenbrüche war, wurde er jeden Sonntag hin und her geschoben, um rohes Fleisch zu bearbeiten. Ein wichtiger »Magenöffner« für das sonntägliche Essen war »Fraake« aus rohem Kalb- oder Ziegenfleisch. Das Fleisch wurde im Steinmörser gestampft, bis es ganz weich war, und sämtliche Sehnen entfernt. Danach wurde die Kubbeh-Gewürzmischung (siehe Grundrezept S. 165) mit dem Fleisch vermischt. Anschließend wurden aus der Fleischmasse fingerlange und -dicke Stücke geformt und in feuchtem Weizenschrot gerollt. Ein Gedicht! Danach ging es erst los mit den Vorspeisen und Hauptgerichten und der Arak (Anisschnaps, mit Wasser verdünnt und mit Eiswürfeln gekühlt) stand als Herrscher über alle Getränke auf dem Tisch – natürlich nur für Erwachsene!

Hühnergerichte kamen selten auf den Tisch, wenn aber doch, dann unter der Woche. Im Dorf meiner Eltern wurden hauptsächlich Hähne gegessen, weil Hühner zum Eierlegen da waren. Deshalb sind Eieromelettes und gebratene Spiegeleier in Olivenöl – und nur in Olivenöl – mit einem Schuss Zitronensaft ein »heiliges« Frühstück. Weniger heilig war dagegen ein Foul-Frühstück, ein Gericht aus Saubohnen (siehe Rezept S. 119), aber es war allemal sättigend, mit viel Grünzeug (Frühlingszwiebel, Radieschen, frische Minze, Petersilie, Paradeiser und eingelegte kleine Gurken) rund um die große Foul-Schüssel auf dem Tisch, damit die Saubohnen leichter verdaulich waren. Oder das Saubohnen-Gericht wurde mit gekochten Kichererbsen vermischt, um es verträglicher zu machen.

Im Flüchtlingslager bildeten wir eine große und breit gefächerte Geruchsgemeinschaft. Da die Häuser nebeneinander oder übereinander standen und die Wege dazwischen gerade einmal stolze zwei Meter breit waren, wusste jeder, was und wo gekocht wurde. Ein unvergesslicher Duft für mich war das Rösten von Kaffeebohnen. Ältere Leute saßen draußen vor ihren Häusern vor einem kleinen, mit Gas betriebenen Herd. Der Herd stand auf drei dünnen Beinchen. Zwischen diesen Beinchen lag der kleine, runde, aus Kupfer hergestellte Tank mit einem winzigen Druckhebel. Vom Tank führte ein dünnes Rohr zu einer runden Kochflamme. Das Gerät hieß »Primus«. Über diesem »Primus« rösteten die Alten ihre Kaffeebohnen in einem zylindrischen Behälter und drehten ihn langsam über der Flamme, als ob Geduld eine Ausdauersportart wäre.

Aus dieser Geruchsgemeinschaft im Lager wurden wir am Anfang des Bürgerkrieges im Libanon vertrieben und landeten in Westbeirut in einem noblen Viertel namens »Rouche«. Der Name kommt aus dem Französischen, weil im Meer vor diesem Ort ein riesiger Felsen (franz. roche) liegt, wie ein Berg. Es herrschte Krieg und dadurch erlebte ich die Küche und das Kochen als eine große, solidarische und heitere Gemeinschaft. In den ersten zwei Kriegsjahren war Brot teure Mangelware. Damals beobachtete ich als Kind das Zubereiten eines besonderen, sehr dünnen Brotes namens »Marquq«: Am Vorabend wird der Teig aus Vollkornmehl geknetet und am Morgen des nächsten Tages gebacken. Das Backen war für mich das Ereignis schlechthin: Es findet auf einer großen runden Eisenplatte statt, die wie eine umgedrehte Wokpfanne aussieht. Die Platte wird von ein paar Ziegelsteinen gestützt, darunter brennt eine starke Flamme, die aus einer großen Gasflasche gespeist wird. Der zu kleinen Kugeln geformte Teig wird mit den Händen ausgezogen und dann auf den Handoberflächen gedreht, sodass der Teigfladen immer größer und dünner wird; er kann bis zu 60 cm Durchmesser erreichen. Meine Mutter führte diese Handbewegung auf dem Boden sitzend aus und legte schließlich die runden Teigfladen auf einen Polster. Dann drehte sie den Polster um, das Brot lag nun zum Backen auf der heißen Metallplatte. Kurz danach zog sie das hauchdünn gebackene Brot mit einem Holzlöffel von der Platte ab. Dieses Ereignis fand im Hinterhof des Hauses im Freien statt. Viele Kinder dieses noblen Viertels kamen zu uns und schauten wie in einem Freiluftkino beim Brotbacken zu. Wenn wir brav waren, bekamen wir als Belohnung »Talaami«. Schon das Wort hört sich seltsam an und der Geschmack der Speise ist für einen Europäer wahrscheinlich noch seltsamer. Der Teig wird dick ausgerollt und mithilfe des Polsters auf die Platte gelegt. Während des kurzen Backvorgangs träufelt man Olivenöl auf den Fladen und bestreut ihn mit Kristallzucker. Der Fladen wird gegessen, wenn er noch warm ist. »Talaami« ist in meiner Erinnerung die köstlichste Süßigkeit meiner Kindheit, zum Glück habe ich in der Zwischenzeit auch noch andere Süßigkeiten entdeckt.

In dieser Solidargemeinschaft von Küche und Kochen gab es bei uns keine getrennten Geschlechterrollen. Mein Vater kaufte ein – auch ohne den berühmten Ausspruch meiner Mutter – und kochte für uns, vor allem besondere Gerichte. Am Herd erlebte ich also Mutter und Vater. Es ist also kein Wunder, dass alle meine Schwestern und Brüder in unterschiedlichem Maße gern kochen.

Das Lieblingsgericht meines Vaters war Majdara masfaieh (siehe Rezept S. 93) und dazu Saltett Duqa (siehe Rezept S. 51). Es handelt sich bei Letzterem um einen sehr scharfen Pfefferoni-Salat, der im Steinmörser zubereitet wurde und nur »echten« Männern zumutbar war. Für mich war dieser Salat in der Pubertät nur in Kombination mit vielen Paradeisern genießbar. Zum Glück musste ich meine Männlichkeit damals nicht unter Beweis stellen. Aber ich merkte, dass mein Vater bei der Zubereitung dieses Salates mit der Schärfe immer etwas großzügiger war, wenn er wusste, dass mein Schwager zu Besuch kam. Mein Schwager konnte diesem Gericht nicht widerstehen, obwohl ihm – abhängig von der Schärfe – immer gleich beim ersten Bissen die Tränen in die Augen stiegen: Kommunikation ohne Worte aus dem Steinmörser sozusagen.

In Beirut habe ich viele andere, »modernere« Gerüche in die Nase bekommen: das starke Parfüm der indischen Diplomaten, die Pâtisserie-Düfte der französischen Küche, den Ölgeruch von Falafel-Take-away-Ständen und Kentucky Fried Chicken. Bei den Kindern amerikanischer Diplomaten entdeckte ich als Bub die mit Erdnussbutter und Erdbeermarmelade bestrichenen Toastbrote. Als Schulkind und bei unerwartetem Taschengeld – den Ausspruch meiner Mutter immer im Kopf – stürzte ich mich in der Pause auf die teuren Butter-Bananen-Honig-Sandwiches: kleine französische Baguettes, seitlich aufgeschnitten, mit Butter bestrichen, darin eine zerdrückte Banane und darüber etwas Honig.

Beim Schreiben dieses Buches entdeckte ich meine Schwäche für die Gerüche meiner Kindheit. Ich erinnerte mich daran, wie vielfältig sie waren, und wunderte mich, wie präsent sie noch immer sind. Die Gerüche verführen und machen Lust, sie selbst zu kreieren. Ohne diese Schwäche für Düfte hätte ich viele Rezepte von damals heute nicht mehr nachkochen können.

KOCHEN IM ZYKLUS DER JAHRESZEITEN

In der Zeit der Feigen wird kein Brot zubereitet,
in der Zeit der Wassermelonen wird nicht gekocht.

Die Küche der Region Bilad al-sham richtet sich nach den Jahreszeiten, wenn auch heute nicht mehr so ausgeprägt wie früher. Ackerbau und Viehzucht bildeten die Hauptgrundlage des Lebens der Menschen. Sie verwendeten und verkochten das, was auf ihren Ländereien wuchs oder was an Milchprodukten und Fleisch aus der eigenen Viehzucht kam. Ähnlich dem Aufruf ökologisch bewusster Menschen im heutigen Europa aßen die Menschen, was in ihrem eigenen Umfeld vorhanden war. Diese Tatsache führte dazu, dass sich die Speisen in diesen Ländern sehr stark nach dem Zyklus der Jahreszeiten richteten, was zum Teil bis heute so ist.

Im Frühling überdeckt eine grüne Decke die eher kahle Landschaft der Länder Palästina, Syrien, Jordanien und Libanon. Obwohl der Frühling eine eher kurze Jahreszeit darstellt, beschert er der Küche vielerlei Zutaten, die nur in dieser Saison vorhanden sind. Diese Vielfalt spiegelt sich in den »Frühlingsgerichten« wider, die sehr einfallsreich und gleichzeitig sehr einfach sind. In dieser Jahreszeit wird viel mit grünen, zum Teil wild wachsenden Pflanzen gekocht, etwa Thymian, Löwenzahn, Malve, Minze und vielen anderen. Gleichzeitig ist der Frühling die Erntezeit für verschiedene Krautpflanzen, für Bohnen, Kichererbsen und Weinblätter. Nicht nur die Küche ist im Frühling reich an Frische, sondern auch die Viehweiden sind saftig und fett. Im Frühling werden Frischkäsesorten, Joghurt und Butter produziert.

Im Sommer wiederum gibt es viele Sorten von Gemüse, Obst und Kräutern, etwa Paradeiser, Gurken, Okraschoten, Fisolen, Wassermelonen, Marillen und Kaktusfrüchte. Es ist auch die Haupterntezeit für Weizen. Ein palästinensisches Sprichwort besagt: »In der Zeit der Feigen wird kein Brot zubereitet, in der Zeit der Wassermelonen wird nicht gekocht.« Dieses Sprichwort geht davon aus, dass

Feigen sättigend sind und daher kein Brot benötigt wird, während Wassermelonen in der Sommerzeit mit Brot und Frischkäse gegessen werden und daher kein Kochen notwendig ist. Eine Weisheit, die in einem anderen Sprichwort folgendermaßen lautet: »Wenn die Trauben und die Feigen reif sind, hört mit dem Teigkneten auf!« Im Sommer wird also leicht und mit vielen frischen Zutaten gegessen.

Der Herbst ist die Zeit der Ernte von Oliven, Trauben, Mais und Nüssen. Gleichzeitig kommen Quitten, Kürbisse und Äpfel auf den Tisch und die Küche.

Im Winter gibt es vor allem Zitrusfrüchte, Kohl, grünen Zwiebel, Rettich, Spinat und Koriander. Doch auf den Winter bereitet man sich in diesen Ländern immer frühzeitig vor. Nahezu in jeder der drei anderen Jahreszeiten werden bestimmte Gemüse, Obstsorten, Getreide, Hülsenfrüchte, Milchprodukte sowie Getränke für den Winter konserviert: In jedem Haushalt wird entweder eingelegt, getrocknet, gekocht oder – heutzutage – eingefroren.

*Der Weinstock ist eine vornehme Dame,
die Olive eine Beduinin, der Feigenbaum eine Bäuerin.*

Die Küche wird nicht nur durch die Jahreszeiten beeinflusst, sondern auch von der geografischen Lage der Landschaft, die ihrerseits wiederum entweder durch Ackerbau oder durch Viehzucht stark geprägt ist. Die Erträge des Ackerbaus hängen davon ab, ob er im Küstenland, in den fruchtbaren Tälern oder in den Bergen betrieben wird. Für die Viehzucht – vor allem bei den Beduinen – verknüpfen sich geografische Lage und Jahreszeit: So ziehen die Hirten mit ihren Herden je nach Jahreszeit, Wetterbedingungen und vorhandenem Futter für die Tiere von einem Ort zum anderen. Im Winter können sie sich mehr in den Wüstenregionen aufhalten, weil es dort genügend Futter gibt, im Sommer wandern sie stärker in das Berg- und Kulturland ein.

Diese Verwobenheit beschert der Küche in der Region Bilad al-sham viele regionale Spezialitäten. So finden sich in Palästina, dem Libanon und in Syrien entlang der Mittelmeerküste weit mehr Fischgerichte als in den Bergregionen. Dagegen ist die Küche in den Bergregionen reich an frischen Zutaten und Wildfleisch. In den südlichen Regionen wiederum basiert die Küche hauptsächlich auf Milchprodukten, Schaf- oder Rindfleisch sowie Getreide.

Fleisch wurde – historisch gesehen – selten gegessen. Der Fleischkonsum war meistens mit besonderen Festtagen verbunden und eher der reicheren Bevölkerungsschicht vorbehalten. Obwohl die Menschen in diesen Ländern Tiere züchteten, etwa Ziegen, Rinder, Schafe, Hühner oder Tauben, wurden mehr die Milchprodukte oder die Eier der Tiere verwendet als ihr Fleisch. Nur zu besonderen Anlässen, etwa bei religiösen Opferfesten oder für spezielle Gäste, wurden Tiere geschlachtet und ihr Fleisch verzehrt. Dieser Umstand bescherte der Küche eine Vielfalt an vegetarischen Gerichten. Die vegetarische Küche wird im Volksmund mit »in Olivenöl kochen« umschrieben. Nahezu alle Hauptspeisen haben eine vegetarische Variante unter gleichem Namen mit dem Zusatzvermerk »bi Zait«, zu Deutsch »mit Öl«. Gemeint ist ausschließlich Olivenöl. Hülsenfrüchte bilden bei den vegetarischen Gerichten die Hauptzufuhrquelle für Eiweiß.

Doch nicht nur die Geografie prägt die Küche, sondern auch die Lebensart der Menschen. Über die Jahrhunderte waren die Städte in der Region Bilad al-sham völlig anders geprägt als die Dörfer bzw. die ländlichen Gebiete. Während die Städte sich historisch entlang der Handelswege etablierten und dadurch selbst zum Mittelpunkt des Handels und des Geschäftslebens wurden, herrschte in den Dörfern und ländlichen Gegenden großteils bäuerliche Wirtschaft vor. Auch diese Entwicklung spiegelt sich in der Küche wider. Während die Dorfküche eher einfach ist und auf den eigenen landwirtschaftlichen Produkten basiert, ist die städtische Küche von einer gewissen Feinheit geprägt, die sich nicht zuletzt auch aufgrund des Austausches mit verschiedenen Kulturen und Traditionen entfalten konnte. Doch eine Interaktion zwischen Städten und Dörfern gab es immer. Die Bauern aus den Dörfern brachten und bringen ihren Überschuss aus Ackerbau und Viehzucht in die Städte, um andere Güter kaufen zu können. So findet man bis heute in den Städten der Region Bilad al-sham Bäuerinnen, die frische Waren auf der Straße oder von Haus zu Haus gehend feilbieten.

FRÜHLING

VORSPEISEN

Salata mushkaleh
Gemischter Salat (vegan)

½ Gurke
2 Paradeiser
½ Kopf Kochsalat
1 Stk. Frühlingszwiebel
1 Paprika
4 Radieschen
Saft einer Zitrone
3 EL Olivenöl
1 Bund Petersilie
Salz & weißer Pfeffer

Alle Zutaten waschen und in mundgerechte Stücke schneiden. Zitronensaft mit Olivenöl, Salz, Pfeffer und fein gehackter Petersilie vermischen und dann die restlichen Zutaten dazugeben. Dieser Salat kann aus allem zubereitet werden, was die Natur hergibt. Die Salatmarinade bleibt immer gleich.

Labaneh
Joghurt-Creme (vegetarisch)

300 g Joghurt (10% Fett)
frische (alternativ getrocknete) Minze
Salz
Olivenöl
einige Oliven

Joghurt in einen Kaffeefilter schütten und für ca. 1 Stunde abtropfen lassen; das Joghurt wird dick-cremig. Danach gehackte Minze und Salz dazugeben und gut vermischen. Oliven und Olivenöl daraufgeben und servieren.

Inzwischen findet man in türkischen Supermärkten Joghurt mit 10% Fett; dieses ist cremig genug, um direkt verwendet zu werden. In meiner Kindheit wurde das Joghurt jeweils am Vorabend in einen Stoffbeutel geschüttet und über Nacht entwässert.

Fatayer Jibneh
Käsetaschen (vegetarisch)

Teig siehe Grundrezept S. 171

300 g Feta (griechischer Schafkäse)
1 EL Oregano

Feta zerdrücken und mit Oregano vermischen, bis eine geschmeidige Masse entsteht. Teig ausrollen, Kreise ausstechen, auf Backpapier legen und mit jeweils einem Esslöffel der Füllung belegen. Die Teigkreise zusammenklappen und an den Rändern fest zudrücken.

Im vorgeheizten Backrohr bei 230 °C goldbraun backen.

Traditionellerweise haben diese Teigtaschen unterschiedliche Füllungen und Formen: Taschen mit Käse- oder Fleischfüllung sind halbrund, mit Gemüse gefüllt sind sie meist pyramidenförmig. So kann man sie bei Tisch unterscheiden.

Aejet Za'atar
Thymianomelett (vegetarisch)

½ Bund frischer Thymian
100 g Feta (griechischer Schafkäse)
2 Eier
Salz & Pfeffer
Olivenöl

Thymian von den Zweigen abzupfen und klein schneiden. Feta mit einer Gabel zerdrücken. Eier verquirlen und alle Zutaten gut vermischen. Olivenöl in einer Pfanne kurz erhitzen und die Eier-Mischung dazugeben. Mit Salz und Pfeffer abschmecken. Omelett beidseits gut braten und warm servieren.

Aejet Baqdons
Petersilienomelett (vegetarisch)

1 Bund Petersilie
½ Bund frische Minze
1 Zwiebel
2 Eier
1 TL Zimt
Salz & Pfeffer
Olivenöl

Petersilie, Minze und Zwiebel sehr fein schneiden und mit den verquirlten Eiern gut vermischen. Zimt, Salz und Pfeffer dazugeben. Olivenöl in einer Pfanne kurz erhitzen und aus der Eier-Mischung kleine Omeletts mit 10 cm Durchmesser braten. Danach die Omeletts wenden. Diesen Vorgang wiederholen, bis die Mischung aufgebraucht ist.

Aejet Koussa
Zucchiniomelett (vegetarisch)

2 Eier
1 Zwiebel
1 Zucchini
1 Bund Petersilie
1 EL Mehl
1 TL Zimt
Salz & Pfeffer
Olivenöl

Zucchini in dünne Streifen schneiden und in kochendem Wasser kurz blanchieren. Abtropfen lassen und kalt stellen. Zwiebel und Petersilie fein schneiden und mit Zucchini, Mehl, Zimt, Salz und Pfeffer gut vermischen. Eier in einer Schüssel verquirlen und alle Zutaten gut untermischen. Olivenöl in einer Pfanne kurz erhitzen und aus der Eier-Mischung kleine Omeletts mit 10 cm Durchmesser braten. Danach die Omeletts wenden. Diesen Vorgang wiederholen, bis die Mischung aufgebraucht ist.

**Fatayer Za'atar
Za'atar-Pizza (vegan)**

Teig siehe Grundrezept S. 171

½ Tasse Za'atar (siehe Gewürzmischung S. 165)
½ Tasse Olivenöl

Za'atar und Olivenöl vermischen. Die Teigkreise auf Backpapier legen. Die Mitte des Teiges mit den Fingern eindrücken, damit er beim Backen nicht aufgeht. Danach jeweils einen Teelöffel der Mischung in die Mitte des Teiges setzen, ein wenig verteilen. Die Ränder des Teiges mit Daumen und Zeigefinger etwas hochziehen und im vorgeheizten Backrohr bei 200 °C backen. Diese Vorspeise kann kalt oder warm serviert werden. Za'atar-Pizza ist ein schnelles Frühstück in der Region Bilad al-sham und wird auch als Take-away angeboten.

**Sfiha
Kleine Fleischpizzas**

Teig siehe Grundrezept S. 170

½ kg Faschiertes vom Rind
1 Bund Petersilie
½ Paprika
1 Paradeiser
1 EL 7-Gewürzmischung (siehe S. 165)
1 Prise Salz

Petersilie waschen, abtropfen lassen und fein hacken. Paprika und Paradeiser ebenfalls sehr klein würfelig schneiden. Fleisch, Salz, 7-Gewürzmischung und Gemüse vermengen, sodass eine einheitliche Masse entsteht. Die kleinen Pizzaböden auf Backpapier legen und jeweils mit 1 Esslöffel Fleischmasse belegen. Danach Fleisch mit der Hand mit leichtem Druck darauf verteilen. Ränder etwas in die Höhe ziehen und im vorgeheizten Backrohr mit 220 °C backen, bis die Ränder goldbraun sind. Warm servieren. Rest kann eingefroren werden.

Sambouseq
Gebratene Fleischtaschen

Fatayer-Teig siehe Grundrezept S. 171

400 g Faschiertes vom Rind
1 Zwiebel
2 EL Pinienkerne
1 TL 7-Gewürzmischung (siehe S. 165)
2 EL Joghurt (10% Fett)

Faschiertes in einer Pfanne im eigenen Fett anrösten, dabei ständig umrühren. Danach den klein würfelig geschnittenen Zwiebel, die 7-Gewürzmischung und die Pinienkerne dazugeben und zugedeckt auf kleiner Flamme gar köcheln. Danach die Fleischmasse in ein Sieb geben, damit das Fett abtropft und die Masse kalt wird. Anschließend Joghurt in die Fleischmasse einrühren und wie bei Fatayer auf die runden Teigformen verteilen und zukleben.

Anstatt die Taschen zu braten, was die Verwendung von reichlich Fett bedeutet, werden wir Sambouseq wie Fatayer (siehe Rezept S. 25) bei 230 °C im Rohr backen. Warm servieren.

Sujuq
Omelett mit türkischer Wurst

1 Stück Sujuq-Wurst
2 Eier
1 Bund Petersilie
1 Paradeiser

Wurst schälen und in ½-cm-dicke Scheiben schneiden. Petersilie waschen und fein hacken, die Paradeiser klein würfelig schneiden. Die Eier verrühren, Petersilie und Paradeiser zu den Eiern geben und gut umrühren. Die Sujuq-Scheiben in die Pfanne geben und im eigenen Fett braten, bis sie sich vom Pfannenboden heben. Dann das Eier-Gemisch dazugeben und auf kleiner Flamme zu einem festen Omelett stocken lassen.

Omeletts sind in der Region Bilad al-sham sehr beliebt. Es gibt davon zahlreiche Varianten, natürlich auch vegetarische: Vermischen Sie die Eier zum Beispiel mit Zucchini, Petersilie und Jungzwiebel oder mit Karfiol.

Maqaneq
Würste nach armenischer Art

In fast allen Regionen des Nahen Ostens leben armenische Gemeinden. Politisch waren sie immer neutral, sodass sie von vielen Kriegen verschont geblieben sind. Die Armenier sind für ihre handwerklichen Fähigkeiten bekannt und beleben die Einkaufsstraßen in vielen arabischen Vierteln. Sie sind oft Schuhmacher, Uhrmacher, Fleischhauer oder betreiben kleine Supermärkte. Unter anderem stellen sie Sujuq, Basterma und Maqaneq her, alles Wurstwaren, die sich dank der armenischen Gemeinden in der Küche der Region Bilad al-sham niedergeschlagen haben. Sujuq ist die große Rinderwurst, Basterma ist rohes Rindfleisch, das in einem Gewürzmantel getrocknet wird, und Maqaneq sind kleine, aus einer Mischung von faschiertem Lamm- und Rindfleisch sowie Pinienkernen hergestellte Würste. Basterma ist sehr teuer und wurde nur von gut situierten

Familien in den Städten verzehrt. Die beiden anderen Wurstarten sind etwas preisgünstiger.

Wenn Sie Ihre Geduld unter Beweis stellen möchten, dann können Sie Maqaneq selbst herstellen. Ich habe es probiert und dabei meine Geduldgrenzen nicht allzu sehr überstrapaziert. Kochen ist für mich nun einmal eine Art der Meditation, die zum Alltag eines Berufsmusikers einen guten Kontrast darstellt, ganz ohne Publikum und Klatsch.

Um Maqaneq zuzubereiten, braucht man jedenfalls einen Bratwurstdarm. Manche Fleischhauer bieten solche gelegentlich an. Wenn man ein guter Kunde ist, kriegt man den Wurstdarm bestimmt auch, ohne dafür Bestechungsgeld zahlen zu müssen. Natürlich braucht man auch einen Wurstfüller, der bei manchen elektrischen Küchenmaschinen dabei ist.

1 Bratwurstdarm, 6 m lang
¾ kg Faschiertes vom Rind
¼ kg Faschiertes vom Lamm
jeweils 1 TL von folgenden getrockneten und geriebenen Gewürzen:
Ingwer, Muskat, Zimt, Nelken, Koriander, Mahlab (gemahlener Keimling aus dem Kern der Felsenkirsche, Prunus mahaleb L.)
Salz & Pfeffer
1 Schuss Rotwein oder Weinessig
1 Handvoll Pinienkerne

Fleisch mit allen Gewürzen und Pinienkernen gut vermischen. Einen Schuss Wein dazugeben und noch einmal gut vermischen, bis eine geschmeidige Masse entsteht. Fleisch in eine Schüssel (idealerweise aus Ton) geben, mit einem Tuch abdecken und an einem kalten Ort über Nacht stehen lassen.

Am nächsten Tag den Bratwurstdarm in kaltes Wasser einlegen. Danach abtropfen lassen und über den Trichter des Wurstfüllers ziehen. Das Ende des Darms vorerst noch offen lassen. Die Fleischmasse in den Wurstfüller (bzw. Fleischwolf) füllen und durchdrehen, bis sie am Ende des Füllers sichtbar wird. Erst jetzt den Darm mit einem Knoten verschließen und das Fleisch hineinpressen, bis die Wurst einen Zeigefinger lang ist. Den Darm etwa 10 cm weiter herausziehen und die Wurst durchfädeln, sodass am Wurstende wieder ein Knoten entsteht. Den Darm wieder über den Füller zurückziehen und wiederum Fleisch hineindrücken. Wie bei der ersten Wurst verfahren: den Darm etwa 10 cm herausziehen und die zwei Würste durchfädeln. Nun ist auch die zweite Wurst durch einen Knoten verschlossen. In einem Durchgang lassen sich bis zu sechs Würste herstellen. Nach der sechsten Wurst wieder ca. 10 cm des Darms herausziehen und abschneiden, dann den letzten Knoten machen. Die Würste an einem kalten Ort über Nacht aufhängen und am nächsten Tag entweder einfrieren oder wie folgt verarbeiten:

8 Stk. Maqaneq-Würste
2 Paradeiser
1 EL Paradeismark
1 EL Granatapfel-Sauce (siehe S. 164) oder 1 Schuss Rotwein

Die Würste jeweils vor einem der sie verschließenden Knoten voneinander trennen. Jede Wurst ist damit auf einer Seite offen, sodass sie beim Braten nicht zerplatzt. Mit wenig Fett in einer Pfanne kurz anbraten, anschließend die würfelig geschnittenen Paradeiser dazugeben und auf kleiner Flamme weiterköcheln, bis die Paradeiser etwas eindicken, gelegentlich umrühren. Paradeismark mit etwas Wasser verdünnen und in die Pfanne geben. Danach einen Schuss Wein oder Granatapfel-Sauce dazugeben. Kurz umrühren und warm servieren.

HAUPTSPEISEN

Koussa mahshi
Gefüllte Zucchini mit Reis (vegan)

1 kg kleine Zucchini
200 g Rundkornreis
3 Paradeiser
3 Stk. Frühlingszwiebeln
5 Knoblauchzehen
1 Bund Petersilie
1 EL frische oder getrocknete Minze
1 EL 7-Gewürzmischung (siehe S. 165)
Salz
Saft von 2 Zitronen
Olivenöl

Zucchini waschen und Strunk und Kopf abschneiden. Mit einem Apfelausstecher das Zucchinifleisch entfernen. Vorsichtig arbeiten, da Zucchini eine zarte Haut besitzen, die nicht verletzt werden soll. Das Innere kann für eine weitere Vorspeise (siehe Rezept S. 91) verwendet werden, also im Kühlschrank aufheben.

Reis in Wasser einweichen. Zwei der drei Paradeiser fein würfelig schneiden, Frühlingszwiebel und Petersilie sehr fein hacken. Etwas Petersilie beiseite legen. Reis abseihen und mit Paradeisern, Frühlingszwiebel und Petersilie vermischen. Die 7-Gewürzmischung, 4 Esslöffel Olivenöl, Zitronensaft und Salz vermischen. Die Zucchini mit der Reismasse zu ¾ füllen. Die gefüllten Zucchini in einen Topf legen, den letzten Paradeiser in Ringe schneiden und über die Zucchini verteilen, salzen und mit Wasser knapp bedecken; kurz aufkochen lassen, dann ca. 45 min auf kleiner Flamme garen lassen, bis fast das gesamte Wasser verkocht ist. Die Zucchini langsam aus dem Topf heben, auf einen Teller legen und mit Minze-Knoblauch-Sauce (Knoblauchzehen zerdrücken, fein gehackte Minze dazugeben und mit Zitronensaft vermischen) garnieren. Kalt oder warm servieren.

Samak bi Tahina
Fisch im Rohr

1 kg Meeresfische (im Ganzen)
1 Tasse Tahina (siehe Grundrezept S. 169)
4 Zwiebeln
Saft einer Zitrone
1 Schuss Essig
2 TL Kreuzkümmel
½ Tasse Bratöl (z.B. Maiskeimöl)
Salz & Pfeffer

Fische waschen, trocken tupfen und mit Salz, Pfeffer und 1 Teelöffel Kreuzkümmel innen und außen einreiben. Zwiebel in Ringe schneiden. Fische beidseitig anbraten, aus der Pfanne heben, danach die Zwiebelringe im gleichen Öl anschwitzen und auf Küchenpapier abtropfen lassen. Tahina, Zitronensaft, Essig, Kreuzkümmel und die Zwiebelringe gut vermischen. Danach mit 2 Tassen Wasser aufgießen, damit die Tahina zu einer weichen Sauce wird. Die Fische in eine Backform legen und mit Tahina-Sauce übergießen. Im vorgeheizten Backrohr auf 180 °C etwa 15 min überbacken. Warm mit frischem Salat als Beilage servieren.

Samake Harraa
Fisch mit frischem Koriander und Chili

1 kg Meeresfisch (im Ganzen)
2 Bund frischer Koriander
3 Knoblauchzehen
2 Chilischoten
Saft einer Zitrone
1 Schuss Olivenöl
etwas Mehl
1 TL Kreuzkümmel
Salz & Pfeffer

Koriander, Knoblauch und Chilischoten sehr fein hacken und mit Zitronensaft und Olivenöl vermischen. Fische waschen, trocken tupfen und mit Salz und Pfeffer einreiben. Kreuzkümmel und Mehl vermischen und Fische darin wenden. Kräuter hacken. Etwas von den Kräutern im Inneren der Fische verreiben. Olivenöl in einer Pfanne bei niedriger Hitze erwärmen und Fische auf beiden Seiten goldbraun braten. Nach dem Wenden den Rest der Kräuter und Knoblauch dazugeben. Mit Tahina-Salat (siehe Rezept S. 115) und Reis servieren.

Djaj mahshi
Gefülltes Huhn

Dieses Rezept kann man auch für Wachteln verwenden.

2 kleine Hühner

MARINADE:
2 EL Olivenöl
1 TL Pimentpulver
1 Prise Paprikapulver
1 Prise Zimt
1 Prise Curry
Salz & Pfeffer

FÜLLUNG:
100 g Rundkornreis
200 g Faschiertes vom Rind
7-Gewürzmischung (siehe S. 165)
1 Lorbeerblatt
1 Handvoll Mandel- & Pinienkerne
1 EL Butter

Reis einweichen. Hühner waschen und trocken tupfen, innen und außen mit Salz und Pfeffer würzen. Die Haut nicht abziehen! Zutaten der Marinade vermischen und die Hühner damit einreiben. Mandel- und Pinienkerne in Butter anrösten und auf Küchenpapier legen. Faschiertes in einem Topf im eigenen Fett durchrösten. Die 7-Gewürzmischung, Salz und das Lorbeerblatt (Lorbeerblatt vor dem Füllen entfernen) dazugeben, umrühren und kurz zudecken. Reis abseihen und unter das Faschierte rühren. Mit Wasser aufgießen, bis die Oberfläche des Reises bedeckt ist, und bei mittlerer Hitze kochen. Wenn der Reis noch nicht ganz gar ist (keine Panik, auch wenn er gar ist), Topf vom Herd nehmen und etwas rasten lassen. Mandeln und Pinienkerne untermischen. Die Hühner mit der Reis-Fleisch-Mischung füllen. Danach die Haut über der Öffnung zusammenziehen und diese mit einem Zahnstocher verschließen (oder mit Küchengarn zunähen). Hintere Keulen an den Enden ebenfalls mit einem Zahnstocher verbinden. Hühner in eine Backform geben und bei 180 °C ca. eine Stunde braten lassen. Nach 40 min wenden und mit etwas Wasser übergießen. Die Hühner sollten eine Kruste bekommen. Vor dem Servieren werden die Hühner halbiert.

Djaj bi Saniehe
Gegrilltes Huhn

1 Huhn
½ kg Erdäpfel
3 große Zwiebeln

FÜR DIE MARINADE:
2 Knoblauchzehen
Saft einer Zitrone
2 EL Olivenöl
½ Glas Weißwein
1 TL Piment
1 Prise Paprikapulver
1 Prise Zimt
1 Prise Curry
Salz & Pfeffer
2 Lorbeerblätter

Marinade vorbereiten: Knoblauch fein hacken und alle Zutaten der Marinade zusammenmischen.

Huhn zerteilen, waschen, danach trocken tupfen und salzen. In einer Schüssel mit der Marinade übergießen; alle Hühnerteile sollen von der Marinade bedeckt sein. Erdäpfel schälen und in Scheiben schneiden. Zwiebel ebenfalls in dünne Scheiben schneiden. In einer Backform Erdäpfel und Zwiebel verteilen und danach die Hühnerteile darauflegen. Backform mit Alufolie oder – falls vorhanden – mit dem Deckel verschließen und im Rohr auf 200 °C ca. 45 min lang schmoren. Die Hühnerteile hin und wieder mit Wasser bzw. dem mit Wasser verdünnten Rest der Marinade übergießen. Gegen Ende der Garzeit den Deckel entfernen, damit die Hühnerteile etwas Farbe bekommen. Das Gericht warm und mit gemischtem Salat servieren.

Je länger die Marinade einzieht, umso schmackhafter wird das Gericht. Die Hühnerteile können auch über Nacht in der Marinade ziehen; dazu in den Kühlschrank stellen.

Koussa Ablama
Gefüllte Zucchini in Joghurt

1 kg kleine Zucchini
½ kg Faschiertes vom Rind
1 Handvoll Pinienkerne
1 kg Joghurt (10% Fett)
20 g Butter
2 Zwiebeln
4 Knoblauchzehen
1 EL 7-Gewürzmischung (siehe S. 165)
1 EL Reisstärke
Salz & Pfeffer
1 Prise getrocknete oder frische Minze

Zucchini waschen und Strunk und Kopf abschneiden. Mit einem Apfelausstecher das Zucchinifleisch entfernen. Vorsichtig arbeiten, da Zucchini eine zarte Haut besitzen, die nicht verletzt werden soll. Das Innere kann für eine weitere Vorspeise (siehe Rezept S. 91) verwendet werden, also im Kühlschrank aufheben.

Zwiebel fein würfelig schneiden. Pinienkerne mit wenig Butter goldbraun anrösten. Faschiertes in die Pfanne mit den Pinienkernen geben, anbraten, dabei ständig umrühren. Zwiebel, 7-Gewürzmischung und Salz dazugeben, umrühren und zudecken. Wenn das Fleisch gar ist, die Pfanne kalt stellen. Zucchini mit der Fleischmasse füllen. Etwas Butter in die Pfanne geben und die gefüllten Zucchini kurz anbraten; ständig wenden, damit die Zucchini von allen Seiten braun werden. Knoblauch und Minze im Mörser zerstampfen und mit dem Joghurt vermischen. Reisstärke in einer Tasse Wasser auflösen und in das Joghurt rühren. Joghurt in einem Topf zum Kochen bringen und danach die gebratenen, gefüllten Zucchini darin einlegen. 10 min auf niedriger Hitze köcheln lassen. Warm mit Ruz bi Sharieeh (siehe Grundrezept S. 168) als Beilage servieren.

Yachnet Ardishouki
Artischocken-Eintopf

½ kg Artischockenherzen
½ kg Faschiertes vom Rind
2 Zwiebeln
3 Paradeiser
¼ Tasse Pinienkerne
etw. Butter
Salz
Pfeffer
Paprikapulver
½ Tasse Weißwein

Zwiebel und Paradeiser klein würfelig schneiden. Pinienkerne in etwas Butter goldbraun anrösten und danach auf Küchenpapier abtropfen lassen. Faschiertes in einen Topf geben und bei niedriger Hitze langsam im eigenen Fett braten, ständig umrühren. Zwiebel und Paradeiser dazugeben, Salz, Pfeffer und Paprikapulver darüberstreuen und umrühren. 10 min lang zugedeckt bei mittlerer Hitze garen lassen. Danach Artischockenherzen in denselben Topf geben, mit etwas Wasser und Weißwein aufgießen und zudecken. 15 min lang bei mittlerer Hitze garen lassen.

Wird warm mit Ruz bi Sharieeh (siehe Grundrezept S. 168) als Beilage serviert.

Fakhadat Kharouf
Gegrillte Lammkeule

1 Lammkeule (ca. 1½ kg)
1 Knolle Knoblauch
2 EL Oregano
Salz & Pfeffer
1 Glas Rotwein
Saft einer Zitrone
3 EL Olivenöl

Lammkeule am Vorabend waschen und abtupfen. Mit einem kleinen Messer einige kleine, aber tiefe Schnitte anbringen. Keule mit Salz und Pfeffer einreiben. Knoblauch schälen und das Fleisch mit den Knoblauchzehen »spicken«; Knoblauch tief in die Schnitte stecken, damit er beim Grillen nicht verbrennt. Oregano, Wein, Zitrone und Olivenöl vermischen und die Keule damit einreiben. In einem Gefäß in den Kühlschrank stellen und am nächsten Tag im Backrohr bei 200 °C mind. 1½ Stunden grillen. Nach ca. drei Viertel der Backzeit die Keule wenden und mit dem Bratensaft übergießen. Man kann Gemüse wie Karotten, Erdäpfel und Zwiebel mitgrillen, das Gemüse wird – je nach Sorte – allerdings erst später dazugegeben.

Als Beilage eignen sich Reis und Nüsse sowie Khiar bi Laban (siehe Rezept S. 50).

FRÜHLINGSMENÜS

Vegetarisch

Salata mushkaleh, Labaneh, Fladenbrot
Gemischter Salat, Joghurt-Creme

~

Koussa mahshi
Gefüllte Zucchini (vegetarische Variante)

~

Basbouseh
Grießkuchen

Mit Fleisch

Fatayer Jibneh, Labaneh, Maqaneq, Fladenbrot
Käsetaschen, Joghurt-Creme, Würste nach armenischer Art

~

Djaj mahshi, Salata mushkaleh
Gefülltes Huhn, Gemischter Salat

~

Awamaat
Süße gebratene Teigbällchen

Zu jedem Menü werden Oliven, eingelegte Gemüse und ein »Grüner Teller« (siehe S. 166) gereicht. Fladenbrot siehe Grundrezept S. 170.

DIE VEGETARISCHE KÜCHE

*Wir arbeiten, aber unser Abendessen
besteht nur aus wilder Malve.*

In der palästinensischen Küche gibt es eine große Auswahl an vegetarischen Gerichten. Das hat durchaus seinen Zweck. Meistens ist der Verzehr vegetarischer Gerichte mit dem Fasten verbunden. Unter christlichen Palästinensern wird meistens am Mittwoch und am Freitag gefastet, doch die Hauptfastenzeiten sind die vierzig Tage vor Ostern, eine alte Tradition in den christlichen Kirchen, die bis ins 4. Jahrhundert zurückreicht. Das Fasten erinnert zum einen an das vierzigtägige Fasten Jesu, ist aber vor allem eine Zeit des Gebets und der Reue. In dieser Zeit wird auf Fleisch und Milchprodukte verzichtet. Gekocht wird hauptsächlich mit Olivenöl.

Keine direkte Verbindung besteht zwischen der islamischen Fastenzeit, dem Ramadan, und der vegetarischen Küche. Im Ramadan wird tagsüber überhaupt nicht gegessen, nach dem Fastenbrechen werden dann Festmahlzeiten zubereitet, die auch Fleisch enthalten.

Jemanden auf ein vegetarisches Gericht einzuladen, ist eigentlich ein Ding der Unmöglichkeit. Die Gastfreundschaft erlaubt dies nicht. Fleisch muss auf den Tisch, denn der Gast soll wissen, was er wert ist. Bei meinem letzten Besuch zu Hause in Bethlehem, nach einem Jahr Abwesenheit, wurde ich jeden Tag zweimal zum Essen eingeladen, einmal zum Mittagessen und dann zum Abendessen. Vier Wochen sind schließlich nicht lange genug, damit Familie und Freunde gleichermaßen zum Zug kommen. Eine Gastfreundschaft, die einen fast erdrückt! Immer wieder fragten mich Freunde und Verwandte, was ich gerne essen würde. Zum einen weil es sich so gehört, zum anderen weil viele der Überzeugung sind, dass ich in Wien das arabische Essen entweder verlernt habe oder nicht dazu komme. Es gehört sich eigentlich nicht, auf die oben genannte – hypothetische – Frage zu antworten, bei Familie und Freunden kann man das aber schon tun. Also bat ich ein paar Mal um vegetarische Gerichte, doch ernst genommen wurde ich nicht. Das könne ich selbst kochen, meinten die Leute, sie wollten mich zu einem »anständigen« Essen einladen. Eine Tante erfüllte mir meinen Wunsch und lud mich zu gefüllten Weinblättern ein, die eine Frühjahrsspezialität darstellen. Doch als Einladung galt dies nicht, ich musste ein paar Tage später zu einem Grillabend wiederkommen. Denn zu besonderen Anlässen und zu besonderen Einladungen gehört Fleisch nun einmal dazu.

SOMMER

VORSPEISEN

Tabuleh
Petersiliensalat (vegan)

4 Bund Petersilie
2 Stk. Frühlingszwiebel
etwas frische Minze
3 Paradeiser
2 EL Burgul (Weizenschrot)
Zitronensaft
Olivenöl
je 1 Prise Salz & Pfeffer
einige Blätter Kochsalat

Petersilie, Paradeiser, Zwiebel und Minze waschen, abtropfen lassen, dann ganz fein scheiden. Burgul kurz waschen, abtropfen lassen und dazugeben. Anschließend den Salat mit Zitronensaft, Öl, Salz und Pfeffer marinieren. Kochsalatblätter auf einen Teller legen, Tabuleh darauf anrichten und servieren.

Baqdonsia
Petersiliensalat mit Tahina (vegan)

50 ml Tahina (siehe Grundrezept S. 169)
1 Bund Petersilie
Zitronensaft
1 Knoblauchzehe
Salz & Pfeffer

Tahina mit Zitronensaft, einem Teelöffel heißen Wasser und Salz gut verrühren, bis eine weiße Sauce entsteht. Petersilie und Knoblauch fein hacken und dazugeben.
Passt hervorragend zu Fisch.

Fatousch
Gemischter Salat mit Fladenbrot (vegan)

Fladenbrot (siehe Grundrezept S. 170)

1 Bund Petersilie
etwas frische Minze
½ kg Paradeiser
½ Gurke
1 kleine Zwiebel
1 TL Sumach (Essigbaumgewürz)
Olivenöl
Zitronensaft
1 Prise Salz & Pfeffer

Zutaten waschen und abtropfen lassen. Petersilie und Minze hacken, Paradeiser und Gurke klein würfelig schneiden. Fein geschnittenen Zwiebel und Olivenöl dazugeben. Zitronensaft und Salz vermischen. Anschließend mit Sumach würzen und alles gut durchmischen. Fladenbrot toasten, in kleine Stücke schneiden und über den Salat verteilen. Man kann das Brot auch in Öl braten, was den Salat besser bindet. Die Salatmarinade kann man mit ein paar Tropfen Granatapfel-Sauce (siehe S. 164) verfeinern.

Salata turkia
Türkischer Salat (vegan)

2 Paradeiser
1 kleine Zwiebel
1 Knoblauchzehe
Chilischoten (Menge je nach Geschmack)
1 EL Paradeismark
Zitronensaft
Salz
Olivenöl

Die Chilischoten fein hacken. Dann Paradeiser, Zwiebel und Knoblauch ganz fein schneiden und dazugeben. Einen Teelöffel Paradeismark und einen Teelöffel Olivenöl daruntermischen, mit Salz und Zitronensaft abschmecken.

Khiar bi Laban
Gurken-Joghurt-Salat (vegetarisch)

1 große Gurke
500 g Joghurt (10% Fett)
1 Prise getrocknete Minze
1 Knoblauchzehe
Salz

Gurke sehr fein blättrig schneiden und auf Küchenpapier legen, damit das Wasser abrinnt. Knoblauch, Salz und Minze im Mörser zerdrücken und mit dem Joghurt vermischen. Anschließend mit den Gurken vermengen.

Saltett Duqa
Salat aus gehackten Pfefferoni (vegan)

100 g frische Pfefferoni- oder Chilischoten
Saft einer Zitrone
30 g Walnusskerne
Olivenöl
Salz

Dieser Salat ist sehr scharf! Man kann den Geschmack mit einem Paradeiser oder mit einem Paprika lindern oder die weiße Haut an der Innenseite der Pfefferoni abziehen. Wenn Sie nicht gerne scharf essen, sollten Sie diesen Salat lieber nicht zubereiten.

Die Schoten waschen, in feine Streifen schneiden und salzen. Die Walnüsse grob hacken und dazugeben. Zitronensaft und zwei Esslöffel Olivenöl untermischen. Mit Salz abschmecken.

Hummus
Kichererbsenaufstrich (vegan)

300 g Kichererbsen
3 Knoblauchzehen
Saft von 2 Zitronen
150 ml Tahina (siehe Grundrezept S. 169)
Salz
Paprikapulver, ganze Kichererbsen & Olivenöl zum Garnieren

Kichererbsen vorbereiten (siehe Grundrezept S. 166). Die gekochten Kichererbsen in einer Küchenmaschine pürieren.

Knoblauchzehen mit Salz im Mörser zerstoßen. Zitronensaft zur Tahina geben und gut vermischen (evtl. mit dem Mixer). Knoblauch zur Tahina geben, gut unterrühren. Die Sauce muss flüssig werden, evtl. mit etwas Wasser verdünnen, abschmecken. Die fertige Sauce über die Kichererbsen gießen und gut mixen. Masse in einen tiefen Teller geben und die Oberfläche glätten. In der Mitte und an den Seiten mit einigen ganzen Kichererbsen und Paprikapulver garnieren. Mit einem Schuss Olivenöl übergießen.

Hummus-Salat
Kichererbsensalat (vegan)

300 g Kichererbsen
1 Knoblauchzehe
1 Stk. Frühlingszwiebel
2 Paradeiser
1 Paprika
1 Bund Petersilie
Saft einer Zitrone
Salz, Pfeffer, geriebener Kreuzkümmel
Olivenöl

Kichererbsen vorbereiten (siehe Grundrezept S. 166). Petersilie und Frühlingszwiebel fein hacken, Paradeiser würfelig schneiden. Knoblauch im Mörser zerstampfen, mit Zitronensaft, Salz, Pfeffer und geriebenem Kreuzkümmel vermischen.

Die gekochten Kichererbsen abseihen, alle Zutaten vermischen und anschließend Olivenöl dazugeben.

Falafel
Kichererbsen-Laibchen (vegan)

500 g Kichererbsen
1 Bund Frühlingszwiebel
2 große Knoblauchzehen
1 Bund Petersilie
einige Blätter frischer Koriander
1-2 TL gemahlener Kümmel
½ TL Backpulver
Salz & Pfeffer
Öl zum Ausbacken (z.B. Maiskeimöl)

Die Kichererbsen über Nacht in Wasser einweichen. Flüssigkeit abgießen, Kichererbsen mit den geschnittenen Zwiebeln, Knoblauch, Petersilie und Koriander vermischen und durch den Fleischwolf drehen. Anschließend mit Kümmel, Salz und Pfeffer abschmecken. Alle Zutaten zu einer weichen Paste stampfen. Etwas Backpulver daraufstreuen, nochmals durchkneten und anschließend kleine Laibchen formen. In der Zwischenzeit Öl sehr heiß werden lassen und die Falafel darin ausbacken, bis sie goldbraun sind.

Falafel kommen ursprünglich aus Ägypten, wo sie Tamiya heißen. Das Wort Falafel verbreitete sich in Palästina und im Libanon Mitte des 20. Jahrhunderts und geht auf die arabische Bezeichnung für Pfeffer, »Filfil«, zurück. Im Libanon werden Falafel manchmal aus geschroteten Saubohnen statt Kichererbsen oder aus einer Mischung von beiden im Verhältnis 1 : 1 zubebereitet.

Beid bi Banadoura
Gebratene Paradeiser mit Eiern (vegetarisch)

1 Zwiebel
2 Paradeiser
2 Eier
Salz & Pfeffer
1 Prise Kümmel
Olivenöl

Die Paradeiser kurz blanchieren, danach schälen und grob schneiden. Zwiebel fein schneiden und in Olivenöl goldbraun rösten. Danach die Paradeiser dazugeben und scharf anbraten. Eier darüber aufschlagen und stocken lassen. Mit Salz und Pfeffer abschmecken. Warm und mit etwas Kümmel bestreut servieren.

Hummus bi Lahma
Kichererbsenaufstrich mit Fleisch

Hummus (siehe Rezept S. 51)
200 g Rind- oder Lammfleisch
1 kleine Zwiebel
20 g Pinienkerne
1 TL 7-Gewürzmischung (siehe S. 165)
1 EL Butter

Fleisch in Streifen schneiden, mit 7-Gewürzmischung vermischen. Pinienkerne in Butter goldbraun anrösten und aus der Pfanne nehmen. Zwiebel klein scheiden und in derselben Pfanne goldbraun anrösten, danach Fleisch dazugeben. Durchbraten, bis das Fleisch gar ist. Pinienkerne untermischen. Anschließend auf dem Hummusteller verteilen.

Kubbeh maqlieh
Gebratene Burgul-Bällchen

300 g Burgul (Weizenschrot)
Kubbeh-Gewürzmischung (siehe S. 165)
Fleischfüllung (siehe Sambouseq, Rezept S. 29)
½ kg Faschiertes vom Rind
Bratöl (z.B. Maiskeimöl)

Burgul 10 Minuten in Wasser einweichen und danach abseihen. Die Masse soll wie Teig aussehen. Händisch oder in einer Knetmaschine das Rinderfaschierte und die Gewürze durchmischen, bis eine geschmeidige Masse entsteht.

Aus der Burgulmasse kleine Bällchen formen. Hände mit Öl oder Wasser anfeuchten und die Bällchen in der Mitte mit dem Zeigefinger eindrücken, sodass ein Hohlraum entsteht. Je dünner die Wände sind, desto besser. Mit einem Teelöffel die Fleischfüllung in den Hohlraum geben und die Burgulmasse mit angefeuchteten Fingern um die Füllung schließen. Öl auf kleiner Flamme erhitzen und die Bällchen in viel Öl schwimmend braten, bis sie braun sind. Auf Küchenpapier abtropfen lassen und warm servieren.

**Kibdeh maqlieh
Gebratene Hühnerleber**

*½ kg Hühnerleber
2 Paprika
2 Zwiebeln
2 Knoblauchzehen
2 EL Paradeismark
Saft einer halben Zitrone
Olivenöl
Salz & Pfeffer*

Zwiebel, Paprika und Knoblauch klein würfelig schneiden. Die Hühnerleber in mundgerechte Stücke schneiden. Zwiebel, Paprika und Knoblauch in Olivenöl anschwitzen, dann die Leber dazugeben und umrühren, bis die Leber rundherum angebraten ist (sie wird grau). Paradeismark mit etwas Wasser verdünnen und gemeinsam mit Zitronensaft, Salz und Pfeffer zur Leber geben. Auf kleiner Flamme köcheln lassen, bis der Saft in der Pfanne etwas eindickt, dabei gelegentlich umrühren. Warm servieren.

HAUPTSPEISEN

Loubieh bi Zait
Grüne Fisolen in Olivenöl (vegan)

½ kg grüne Fisolen
1 große Zwiebel
3 Paradeiser
2 Knoblauchzehen
Olivenöl
Salz
Pfeffer

Fisolen waschen und die Enden abschneiden. In grobe Stücke schneiden. Zwiebel würfelig und Knoblauch in kleine Stücke schneiden. Paradeiser schälen (zuvor kurz in kochendes Wasser legen, dann löst sich die Haut leicht) und ebenfalls grob schneiden. Zwiebel und Knoblauch anrösten, danach die Paradeiser dazugeben und gut umrühren. Die Fisolen dazugeben und kurz umrühren. Mit Salz und Pfeffer abschmecken; mit 1 Tasse Wasser aufgießen und zugedeckt aufkochen lassen. Danach auf kleiner Flamme köcheln lassen, bis die Paradeissauce eindickt. Diese Speise kann warm oder kalt serviert werden.

Bamieh bi Zait
Okraschoten in Olivenöl (vegan)

1 kg Okra
½ kg Paradeiser
4 kleine Zwiebeln
1 Bund frischer Koriander
Salz
Pfeffer
1 kleine Zimtstange
Olivenöl

Okra ist auf den Märkten in unterschiedlicher Form erhältlich: entweder frisch (in den Sommermonaten), getrocknet oder tiefgefroren. Wenn Sie frische Okraschoten kaufen, dann waschen und mit einem kleinen Messer die harten Stängel abschneiden, ohne den hellgrünen Grund des Stängels zu verletzen. Auf einem Küchenpapier trocknen lassen oder abtupfen. Paradeiser schälen (zum leichteren Abziehen der Haut kurz in kochendes Wasser legen) und in kleine Würfel schneiden. Zwiebel schälen. Okraschoten in heißem Öl goldgelb braten, dann auf einem Küchenpapier abtropfen lassen. Zwiebel im Ganzen in einem Topf in Öl goldgelb anbraten, danach die geschnittenen Paradeiser dazugeben und ca. 5 Minuten köcheln lassen, bis die Paradeis-Stücke weich werden. Fein gehackten Koriander unterrühren. Danach die Okraschoten, die Zimtstange, Salz und Pfeffer dazugeben und mit Wasser bedecken. Aufkochen und dann auf kleine Flamme zurückdrehen und köcheln lassen, bis das Wasser verdampft ist. Dieses Sommergericht wird kalt serviert.

Kubbeh bi Laban
Burgul-Bällchen in Joghurt

Für dieses Gericht verwendet man das Rezept für Kubbeh-Bällchen (siehe Rezept S. 54). Anstatt sie zu braten, kann man sie im Rohr backen und in Joghurt servieren.

pro Person 3 Stück Kubbeh-Bällchen
1 kg Joghurt (10% Fett)
2 Knoblauchzehen
1 EL Reisstärke
2 EL getrocknete oder frische Minze

Reisstärke in einer Tasse Wasser auflösen. Knoblauch und Minze im Mörser zerstampfen und mit dem Joghurt und der Reisstärke gut vermischen. Joghurt zum Kochen bringen und danach die gebackenen bzw. gebratenen Kubbeh-Bällchen vorsichtig einlegen; auf niedriger Hitze 10 min köcheln lassen. Warm servieren.

Maqloubet Djaj
»Umgedrehte« mit Huhn

300 g Reis (3 Tassen)
1 großer Karfiol
1 ganzes Huhn
3 Zwiebeln
5 Knoblauchzehen
Lorbeerblätter
1 EL 7-Gewürzmischung (siehe S. 165)
Salz
Olivenöl

Karfiolröschen vom Strunk lösen, waschen und trocken tupfen. Danach mit Salz bestreuen, in Öl goldbraun anbraten und auf Küchenpapier abtropfen lassen.

Das Huhn häuten, zerteilen, waschen, trocken tupfen und mit Lorbeerblättern in einem Topf in Wasser garen. Anschließend die Suppe abgießen, aber nicht wegschütten!

Zwiebel in Ringe schneiden, die Knoblauchzehen ungeschält und gewaschen mit den Hühnerteilen kurz in Öl anrösten. Den Reis waschen, Salz und Gewürzmischung gut unterrühren. Danach zuerst eine Schicht Karfiol über das Hühnerfleisch in einen großen Topf geben, dann den Reis und zum Schluss den Rest des Karfiols darauf verteilen. Danach pro Tasse Reis eineinhalb Tassen Hühnersuppe über das Gericht gießen. Zudecken, kurz aufkochen, dann auf kleiner Flamme ca. 35 Minuten garen lassen.

Vor dem Servieren den Topf auf eine Platte stürzen und vorsichtig hochziehen. Die einzelnen Schichten sollen erhalten bleiben.

M´sachaan
Hühnerkeulen im Brotmantel mit Sumach

1 kg Hühnerkeulen
4 Zwiebeln
½ Tasse Sumach (Essigbaumgewürz)
2 Lorbeerblätter
1 Zimtstange
½ Lauchstange
Salz & Pfeffer
2 Fladenbrote (siehe Grundrezept S. 170)
4 EL Olivenöl

Hühnerkeulen waschen und mit Lauch (in Scheiben geschnitten), Lorbeerblättern, Zimtstange, Salz und Pfeffer in einem Topf mit Wasser zum Kochen bringen. Wenn die Keulen fertig gekocht sind, aus dem Topf nehmen und in einem Gefäß kalt stellen.

Zwiebel fein schneiden und in einer Pfanne in Olivenöl goldbraun braten. Danach Sumach in die Zwiebelpfanne geben und umrühren, bis das Gewürz das gesamte Öl aufgesaugt hat. Fladenbrote aufklappen und mit der dunklen Seite des Brotes in eine Backform legen. Das Brot mit etwas Suppe aus dem Keulentopf befeuchten. Die Hälfte der Zwiebel-Sumach-Masse auf den Broten verteilen. Die Hühnerkeulen (ausgelöst oder ganz) darauflegen und die andere Hälfte der Zwiebel-Sumach-Masse über die Hühnerkeulen geben. Die hellen Brothälften darauflegen und mit der Suppe anfeuchten. Danach im vorgeheizten Backrohr bei 180 °C 10 min überbacken. Wenn das Brot schnell braun wird, kann man es mit der Suppe immer wieder übergießen. Warm servieren.

Natürlich kann man das Gericht auch mit Hühnerbrüsten zubereiten. Die Brüste schneiden und kurz anbraten und danach mit etwas Wasser und den Gewürzen zum Kochen bringen. Die Brote aufklappen und Zwiebel-Sumach-Masse darauf verteilen und das Fleisch darauflegen und die Brote einrollen. Zwei Brote ergeben vier Rollen. Mit der Suppe übergießen und ins Rohr stellen. Diese Variante ist etwas einfacher zu essen, weil die Brotrollen besser zu schneiden sind.

Yachnet Loubieh
Lamm-Eintopf mit grünen Fisolen

1 kg grüne Fisolen
½ kg Lammfleisch von der Keule
1 EL Mehl
jeweils 1 TL weißer Pfeffer & Zimt
20 g Butter
1½ l kochendes Wasser

Fleisch (Keule vom Fleischhauer auslösen lassen) in mundgerechte Stücke schneiden und mit der Hälfte der Butter in einem Topf anbraten, Gewürze dazugeben. Kurz umrühren, mit etwas Wasser aufgießen und zugedeckt bei niedriger Hitze 20 min lang köcheln lassen. Fisolen waschen und beide Enden abschneiden. Eventuell Fäden der Fisolen abziehen. Fisolen in Stücke schneiden und zum Fleisch geben. Mehrmals umrühren und dann mit kochendem Wasser aufgießen. Wenn die Fisolen weich sind, die restliche Butter erhitzen, Mehl darin anschwitzen, ständig umrühren, dann etwas warmes Wasser einrühren, bis sich eine dickflüssige Sauce bildet. Diese Sauce in den Topf geben und umrühren. Eintopf anschließend bei niedriger Hitze 10 min weiterköcheln lassen.

Wird warm mit Ruz bi Sharieeh (siehe Grundrezept S. 168) als Beilage serviert.

Laban Emmou
Lamm-Joghurt-Einopf

10 kleine Zwiebeln (bevorzugt weiße Zwiebeln)
½ kg Lammfleisch von der Keule
1½ kg Joghurt (10% Fett)
2 EL Mehl
2 EL Reisstärke
1 Knoblauchzehe
frische Minze zum Garnieren
¼ Tasse Bratöl (z.B. Maiskeimöl)
Salz & weißer Pfeffer

Lammfleisch wie für Gulasch schneiden (Keule beim Fleischhauer auslösen lassen). Zwiebel schälen und ganz lassen. Bratöl in einem Topf auf kleiner Flamme erhitzen und Fleischstücke und Zwiebel darin kurz anbraten, Salz und Pfeffer dazugeben und ständig umrühren; die Zwiebeln sollen wirklich nur anschwitzen. Danach mit einem Liter Wasser aufgießen, aufkochen und anschließend auf mittlerer Hitze dahinköcheln lassen, bis das Fleisch sehr zart wird (mind. ¾ Stunden!) und das Wasser verdampft ist. Knoblauch mit etwas Salz zerdrücken, Reisstärke in einer Tasse Wasser auflösen und mit Joghurt und Knoblauch vermischen. Joghurt in einem Topf aufkochen und sofort zum Fleisch-Zwiebel-Gemisch geben; kurz umrühren, damit Joghurt und Suppe sich gut vermischen. Warm mit frischer Minze und Ruz bi Sharieeh (siehe Grundrezept S. 168) als Beilage servieren.

Dieses Gericht wurde an großen Festtagen in Galiläa serviert, bevor die moderne Küche in die Gesellschaft Einzug hielt. Ursprünglich wurde das Gericht mit Ziegenjoghurt gekocht, da Ziegenjoghurt beim Kochen nicht so leicht gerinnt. Auch auf der griechischen Insel Kreta ist eine ganz ähnliche Speise Nationalgericht.

Mansaf
Lammfleisch mit Joghurt und Reis

1 Lammstelze, ausgelöst und in Würfel geschnitten
½ kg Joghurt (10% Fett)
½ kg Basmatireis
2 Fladenbrote (siehe Grundrezept S. 170)
2 Zwiebeln
4 Lorbeerblätter
2 Zimtstangen
je 1 Handvoll Pinienkerne & Mandeln
20 g Butter
1 EL Reisstärke

Reis in Wasser einweichen. Lammfleisch mit Zwiebel im Ganzen in einem Topf kochen, bis das Fleisch gar ist. Immer wieder Fett abschöpfen. Danach die Gewürze hinzufügen und zugedeckt weiter kochen. Mandeln und Pinienkerne in Butter in einer Pfanne goldbraun rösten, auf Küchenpapier abtropfen lassen. Reis abseihen und kochen (Reis : Flüssigkeit = 1 : 1,5).

Reisstärke in einem halben Liter der Lammsuppe auflösen und etwas abkühlen lassen. Danach mit dem Joghurt vermischen und in einem Topf bei niedriger Hitze zum Kochen bringen. Fladenbrot aufklappen und auf eine Servierplatte legen. Mit dem Joghurt übergießen. Danach den gekochten Reis auf dem Brot verteilen. Die Lammstücke daraufgeben, wieder mit Joghurt übergießen und anschließend die Mandeln und Pinienkerne darauf verteilen.

Restliches Joghurt als Beilage servieren.

Kabab
Gegrillte Lammspieße

1 kg Lammfleisch (beim Fleischhauer erwähnen, dass das Fleisch gegrillt wird)
2 EL Paradeismark
2 EL Olivenöl
Saft einer halben Zitrone
einige kleine Zwiebeln
einige kleine Paradeiser oder Cherry-Tomaten
1 Prise Zimt
1 Prise Piment
Salz & Pfeffer

Lammfleisch in kleine Stücke (ca. 2 mal 2 cm) schneiden, Gemüse je nach Größe eventuell grob schneiden (große Zwiebeln evtl. vierteln). Alle Zutaten vermischen und rasten lassen, am besten über Nacht.

Lammstücke und Gemüse abwechselnd auf Spieße stecken. Auf einem Griller, im Backrohr oder auch auf einem guten Plattentoaster langsam grillen.

Zum Kabab passen unzählige Vorspeisen, vor allem Hummus (siehe Rezept S. 51), Melanzani, Salate und Reis.

Kabab Halabi
Faschiertes nach Aleppo-Art

¾ kg Faschiertes vom Rind
¼ kg Faschiertes vom Lamm
1 Bund Petersilie
1 Zwiebel
2 Knoblauchzehen
Salz & Pfeffer

Alle Zutaten mindestens zweimal durch den Fleischwolf drehen, vermischen und durchkneten. Wenn kein Fleischwolf vorhanden ist, Petersilie, Zwiebel und Knoblauch sehr fein schneiden oder mit einem Stabmixer zerkleinern, zum Fleisch geben und gut vermischen. Die Fleischmasse rasten lassen. Man kann Bällchen formen oder Spieße vorbereiten. Bällchen bzw. Spieße grillen. Mit Salaten und mehreren Aufstrichen wie z.B. Hummus (siehe Rezept S. 51) oder Betengan bi Laban (siehe Rezept S. 88) warm servieren.

SOMMERMENÜS

Vegetarisch

Falafel, Hummus, Baqdonsia, Fladenbrot
Kichererbsen-Laibchen, Kichererbsenaufstrich, Petersiliensalat mit Tahina

∾

Bamieh bi Zait, Ruz bi Sharieeh
Okraschoten in Öl, Reis mit Fadennudeln

∾

Halawet Assamid
Süßes aus Grieß

Mit Fleisch

Tabuleh, Hummus, Salata turkia, Kubbeh maqlieh, Fladenbrot
Petersiliensalat, Kichererbsenaufstrich, Türkischer Salat, Gebratene Burgul-Bällchen

∾

Kabab, Fatousch
Gegrillte Lammspieße, Gemischter Salat mit Fladenbrot

∾

Knafi
Süße Teigfäden aus dem Rohr

Zu jedem Menü werden Oliven, eingelegte Gemüse und ein »Grüner Teller« (siehe S. 166) gereicht. Fladenbrot siehe Grundrezept S. 170.

KOCHEN UND ESSEN IN DER ARABISCHEN SPRACHE

Das Salz im Essen ist wie die Grammatik einer Sprache.

Die Bedeutung des Essens im arabischen Raum schlägt sich in der Sprache nieder. Gerade die arabische Sprache, die sehr blumig ist, bietet vielfältigen Zugang zum kulinarischen Genuss. Dass das Essen die Araber sehr früh beschäftigte und einen wichtigen Stellenwert hatte, zeigt sich auch in den ersten Kochbüchern, die bereits im 9. Jahrhundert in den Palästen der Kalifen verfasst wurden. Die Ära der Abbasiden (715-1258) spielte dabei eine wichtige Rolle. Eines der wichtigsten Kochbücher dieser Zeit, »Das Buch des Essens«, wurde vom Ibrahim al Mahdi, dem Bruder des Kalifen Haroun al Raschid, verfasst. Leider ist wenig aus diesen Kochbüchern erhalten geblieben. Die Bodleian Library in Oxford verfügt diesbezüglich über einige historische Quellen.

In der mündlichen Tradition zeigt sich der Stellenwert der Küche und des Speisens bis zum heutigen Tag. Poesie, Lieder und Sprichwörter spiegeln dies auf verschiedene Art und Weise wider. Davon einige kleine Kostproben:

Oh, du Gurke …

Die arabische Sprache ist äußerst reich an Bildern, sie arbeitet mit Metaphern, die kaum zu übersetzen sind. Ganz besonders häufig findet man Metaphern aus dem Bereich des Essens, die aber eine tiefe Bedeutung in der Kultur haben. Versucht man nun, diese Metaphern wörtlich zu übersetzen, dann klingen sie im Deutschen sehr merkwürdig. Das hat einen doppelten Effekt: Wer Arabisch als Muttersprache hat, lacht bei vielen Sprichwörtern, denn man kennt die Symbolik, die Geschichten dazu. Wenn man sie ins Deutsche übersetzt, dann wundert man sich vielleicht, lustig findet man sie aber nicht unbedingt. Ein Beispiel dazu: »Zähle die Eier in der Pfanne, aber nie die Schwangerschaftsmonate einer Frau!«

Im Arabischen klingt das schon rein phonetisch sehr witzig. Im Deutschen wundert man sich über den Zusammenhang. Die Volksweisheit geht davon aus, dass man die Entbindungszeit einer Schwangeren nie vorhersagen kann.

Andererseits gibt es Texte und Gesänge, die mit Metaphern arbeiten und ganz ernst gemeint sind. Wenn man sie übersetzt, dann kann man im Deutschen darüber lachen, aber kaum im Arabischen. Oder was würden Sie sagen, wenn eine Braut bei der Hochzeit gepriesen würde mit den Worten: »Oh, du Gurke, oh, du Gurke, dein Gesicht ist wie selbstgemachtes Brot!«

Auf Deutsch dermaßen tituliert, würde sich eine Braut bei der Hochzeit entweder beleidigt zurückziehen oder sie würde – so sie Humor besitzt – lachen. Denn im Deutschen ist die Gurke weder etwas besonders Wertvolles noch ein Schönheitsideal. Auch selbstgemachtes Brot ist nicht gerade eine Sache, mit der eine Frau bei ihrer Hochzeit gerne verglichen werden möchte. Die Bilder dieser Lieder sind dem Kontext entnommen: Die bäuerliche Gesellschaft benutzt Schönheitsideale aus ihrem Arbeitsumfeld. So steht die Gurke für eine schlanke Gestalt, das Brot für ein rundes, freundliches Gesicht, was ebenfalls ein Schönheitsideal darstellt. Diese kontextuellen Hintergründe machen die Übertragung von arabischen Sprichwörtern und Liedern schwer. Man muss, wie bei dem folgenden Sprichwort, das verwendet wird, um zu zeigen, dass eine Person in eine Sache nicht eingeweiht ist, jedes Mal eine Geschichte dazu erzählen: »Wer eingeweiht ist, weiß Bescheid, und die anderen meinen: eine Handvoll Linsen.«

Es wird erzählt, dass eine Bäuerin einen Liebhaber hatte, der immer auf Besuch kam, wenn ihr Mann auf dem Feld war. Irgendwann kam der Ehemann dahinter. Er kehrte eines Tages, und zwar in der Zeit der Linsenernte, früher zurück als erwartet. Als er seine Frau und den Liebhaber überraschte, floh Letzterer durch das Fenster. Vor dem Haus war die Linsenernte zum Trocknen ausgebreitet. An den Kleidern und den Händen dies Fliehenden hafteten deshalb Linsen, als er durch die Straßen rannte. Der Ehemann verfolgte ihn. Die Menschen auf den Straßen wunderten sich, warum der Bauer einem Mann nachlief, der offensichtlich doch nur einige Linsen gestohlen hatte.

Aus dieser Geschichte entstand das Sprichwort. In der Zwischenzeit hat es sich verselbstständigt. Es wird häufig eingesetzt, obwohl nicht mehr alle die Geschichte dazu kennen, aber jeder kennt die Bedeutung.

Viele Sprichwörter in der arabischen Sprache widmen sich dem Essen.

»Die Ehre gebührt dem Reis, der Burgul hat sich erhängt.«

Darauf basierend, dass es in der arabischen Kultur als ehrlos gilt, sich zu erhängen, steht hinter dem Sprichwort die Tatsache, dass der Reis eher später in die arabische Küche gekommen ist und sehr teuer war. Was die Leute als Beilage aßen, wurde eher aus dem kostengünstigeren (»ehrlosen«) Weizen zubereitet.

»Er leckte seine Finger danach ab.«

Dies sagt man nach einer genossenen Mahlzeit als Kompliment an die Küche.

Auch einzelne Lebensmittel werden in Sprichwörtern verewigt:

»Er hat kein Abendessen, also verspeist er Rettich, um aufstoßen zu können.«

Das Sprichwort wird dazu eingesetzt, jemanden zu bezeichnen, der prahlt oder mit etwas angibt: Nach dem Essen aufzustoßen, gilt in den arabischen Ländern als Zeichen dafür, satt zu sein. Das Sprichwort spielt also darauf an, dass jemand, der kein Abendessen hat, Rettich zu sich nehmen muss, um zumindest das Gefühl zu haben, satt zu sein (und aufstoßen zu können). Hier gibt also jemand vor, genug zu essen zu haben, obwohl es gar nicht wahr ist.

»Wer Pfeffer hat, streut ihn auf seine Malve.«

Aus Malve wird im Frühjahr ein Gemüsegericht zubereitet. Es ist sehr würzig und braucht eigentlich kaum Pfeffer. Das Sprichwort steht für das Verhalten eines Menschen, der etwas im Überfluss hat oder etwas verschwendet. Er oder sie streut – laut Sprichwort – den im Überfluss vorhandenen Pfeffer sogar über Gerichte, die gar keinen Pfeffer benötigen.

Einige Sprichwörter widmen sich auch dem Thema Gastfreundschaft:

»Wen auch immer du zu dir nach Hause einlädst, das Essen wird doch von Gott zugeteilt.«

Der palästinensische Bauer glaubt, dass Gott den Menschen ihr Essen zuteilt. Derjenige, den man verbindlich und von Herzen zum Essen einlädt, muss nicht unbedingt derjenige sein, der es verzehrt, denn der geladene Gast könnte aufgehalten worden sein und dafür ein anderer kommen. Wer tatsächlich mit am Tisch sitzt, wird von Gott bestimmt.

»Die Reste für besondere Gäste!«

In der arabischen Kultur sind Reste eigentlich nichts, was man anbieten kann. Traditionell wird immer mehr gekocht, als man benötigt. Aber wenn trotz aller Vorsorge am Ende einer Mahlzeit doch noch ein weiterer Gast kommt und tatsächlich nur wenig übrig ist, dann kann man auch nicht behaupten, man hätte nichts. Der Ausspruch »Die Reste für besondere Gäste!« erlaubt es, auch noch das anzubieten, was übrig geblieben ist, ohne die Gastfreundschaft zu verletzen.

Wer der arabischen Sprache mächtig ist, der wird sich an den Gesängen und Ausrufen der Straßenhändler auf den alten Märkten erfreuen. Es handelt sich um einen Brauch, der sich hauptsächlich in den Städten findet und über die Jahrhunderte in Form mündlicher Überlieferung weitergegeben wurde. Ein arabisches Sprichwort besagt: »Jeder Händler ruft nach dem, was er in der Satteltasche hat.«

In vielerlei Hinsicht betet ein Händler seine Ware an, so als würde er seiner Geliebten eine Liebeserklärung machen. Mit lauter Stimme ertönen die Gesänge, meistens von Männern dargebracht, die die Waren in den höchsten Tönen preisen:

»Du zarte Gurke, zarter noch als Butter!«
»Bananen zur Heilung!«
»Schwindelheilmittel bist du, Zwetschke!«
»Die Schöne isst das Schöne!«
»Trauben und Brustbeeren, die Geliebten zu ehren!
»Mit Rosenwasser gewässert!«

Gleichzeitig benennen die Händler ihre Ware oft nach dem Herkunftsort, wenn dieser für eine gute Ernte bekannt ist: »Trauben aus Hebron!«, »Bananen aus Jericho!«, »Kubbeh aus Aleppo!«, »Mais aus Damaskus!«

Unglaublich fantasievoll klingen auch die Namen einiger Gerichte: etwa »Siwar el Sit«, auf Deutsch »Der Armreifen der Dame«; »Asabee Zeinab«, zu Deutsch »Zeinabs Finger«; »Eish e Saraya«, zu Deutsch »Das Brot der Paläste«; »Bukjat el Arous« zu Deutsch »Die Mitgift der Braut«.

Auch Rätsel zu bestimmten Nahrungsmitteln sind beliebt:

Ich fand es, wo es mich fand,
an des Fruchthändlers Stand.
Von innen ist es Zobelpelz,
von außen ein Alexandrinergewand.
Die Kastanie[3]

Ein Mädchen von vier Jahren ist's:
Vier Söhne gebiert es,
davon zwei Kluge, zwei Narren.
Die Rebe; Trauben und Rosinen – Wein und Branntwein[4]

Die Mutter wird zum Schlachten gebracht,
aber ihre Haut wird nicht abgezogen.
Der Tochter wird die Haut entfernt,
aber sie wird nicht geschlachtet.
Das Huhn und das Ei[5]

Was ist bitterer als Bitterkraut,
süßer als der Honig,
kleiner als die Hornisse
höher als das Kamel?
Die Olive[6]

---

[3] Sprichwörter aus: Das Kamel auf der Pilgerfahrt. 1111 arabische Sprichwörter und 99 Rätsel. Ausgewählt von Wilfried M. Bonsack unter Mitarbeit von Rachid Lamrani, Leipzig/Weimar 1985, S. 69.
[4] Ibd. S. 91.
[5] Ibd. S. 113.
[6] Ibd. S. 167.

DIE SÜSSE DEINER SEELE OFFENBART SICH IN DEM, WAS DU KOCHST

Wenn ich mich an meine Kindheit erinnere, dann kommt mir immer wieder das Bild eines kleinen Mädchens in den Sinn, das nach der Schule heimkam, die Schultasche irgendwo abstellte und sich in die Küche begab, um zu sehen, was es zu essen gab. Dieses Kind war ich. Sagte mir nicht zu, was meine Mutter gekocht hatte, so spazierte ich über die Dächer zu den Nachbarn, um zu sehen, was es dort für Köstlichkeiten gab. Ich weiß noch, dass meine Mutter sich immer wieder bei mir und meinem Bruder beschwerte, wenn wir bei den Nachbarn aßen. Was solle sie denn dann mit dem Essen machen? Am härtesten traf es sie, wenn wir bei meiner Patentante aßen, die Magenbeschwerden hatte und somit fast jeden Tag das Gleiche aß, nämlich Gemüsesuppe mit Nudeln. Diese breiige, nach absolut gar nichts schmeckende Suppe faszinierte uns Kinder. Manchmal zweifelte meine Mutter an unserem Geschmack, denn sie war eine sehr gute Köchin. Wie viele orientalische Frauen kochte meine Mutter immer für unerwartete Gäste, also weit mehr, als wir als Familie benötigten. Doch es wurde immer ein Teller an unsere Nachbarin weitergegeben und es kamen meistens tatsächlich unerwartete Gäste, die mit uns aßen, ganz so, wie meine Mutter es vorhergesehen hatte. Oft wurde sie von Verwandten und Bekannten gerufen, um beim Kochen einer bestimmten Speise zu helfen, was sie immer gerne tat. Doch musste es ganz nach ihrer Vorstellung gehen; alles musste sauber und aufgeräumt sein, Fett im Essen konnte sie nicht leiden, mit Salz und Gewürzen war sie sehr sparsam. Sich beim Kochen Zeit zu lassen, war ihre Art. Das arabische Sprichwort schien auf sie zugeschnitten zu sein: Ihre Seele offenbarte sich wirklich in dem, was sie gekocht hatte.

Aus welchem Grund ich gut kochen kann, weiß ich ehrlich gesagt nicht, denn ich war viel zu selten bei meiner Mutter, als sie kochte. Ich glaube, es war mehr ihre – sprichwörtlich – leidenschaftliche Seele für das Kochen, die mich ansteckte. Kochen und Singen gingen für sie Hand in Hand. Kochen war für sie keine Aufgabe, sondern eher eine kreative Freizeitbeschäftigung. Das Bild meiner Mutter, wie sie in der Küche stand und sang, prägt mich bis heute und ich ertappe mich selbst immer wieder beim Singen, wenn ich am Herd stehe. Manchmal glaube ich, dass ein Hauch der Melodie in die Zutaten gelangt, was wiederum den Geschmack beeinflusst. Kochen bedeutet für mich eine Zeit der Entspannung – was nicht heißt, dass es einfach wäre – nein, ganz und gar nicht. Ich muss einfach in der Verfassung sein, kochen zu wollen, damit das Essen auch gelingt. Nach Rezepten kann ich nur schlecht kochen, ich koche eher nach einem inneren Gefühl. Maßeinheiten setze ich kaum ein. Daher war dieses Buch ein Lehrstück für mich: Wie bringen wir unsere Rezepte in einer Form, mit der andere etwas anfangen können?

SUPPENZEIT

*Suppen werden vor allem im Herbst und Winter gegessen.
Wir führen sie der Einfachheit halber in diesem Buch unter
»Suppenzeit« an – quasi als fünfte Jahreszeit.*

Adas bi Hamoud
Linsen-Mangold-Suppe (vegan)

1 Tasse braune Linsen
1 große Zwiebel
½ kg Mangold
5 Knoblauchzehen
Saft von einer Zitrone
Olivenöl
Salz
etwas frischer Koriander
Kreuzkümmel

Linsen waschen, mit Wasser bedecken langsam garen.

Mangold waschen, Stängel herausschneiden und grünen Teil der Blätter klein schneiden. In einer Pfanne den geschnittenen Zwiebel und Knoblauch mit dem fein gehackten Koriander vermischen und in Olivenöl anschwitzen, dann Mangold dazugeben. Kurz durchrösten und mit Salz abschmecken. Sobald die Linsen fertig sind, die Zwiebel-Knoblauch-Mangold-Mischung dazugeben, mit Kreuzkümmel, Salz und evtl. mit Zitronensaft abschmecken. Die Suppe gegebenenfalls mit etwas Wasser verdünnen.

Aus den Mangoldstängeln kann man eine Vorspeise zubereiten (Selq bi Tahina, siehe Rezept S. 116).

Shorabat Adas
Linsensuppe (vegetarisch)

1 Tasse rote Linsen
2 Erdäpfel
1 Karotte
1 Zwiebel
1 EL Butter
½ TL Zimt
1 TL Kreuzkümmel
Salz

Linsen waschen, mit Wasser bedecken und zum Kochen bringen. Kartoffeln und Karotten waschen, schälen, schneiden, Zwiebel grob zerteilen und anschließend alles zu den Linsen geben. Das Ganze auf kleiner Flamme garen lassen. Anschließend mit dem Stabmixer pürieren, gegebenenfalls mit etwas Wasser verdünnen.

Mit Salz, Zimt und Kreuzkümmel abschmecken. In eine Schüssel geben und die Butter darauf zerfließen lassen.

Shorabat Laban
Joghurtsuppe (vegetarisch)

500 g Joghurt (10 % Fett)
½ Tasse Reis
1 Bund frische oder die entsprechende Menge getrocknete Minze
2 Knoblauchzehen
2 EL Pinienkerne
2 TL Butter
Salz

Reis waschen und gar kochen (das Verhältnis von Reis : Flüssigkeit beträgt dabei 1 : 1,5). Joghurt mit etwas Wasser verdünnen. Knoblauch und Minze fein hacken, salzen. Pinienkerne in Butter anrösten. Gekochten Reis, Joghurt, Knoblauch und Minze in einen Kochtopf geben und bei schwacher Hitze erwärmen. In Suppentellern mit den gerösteten Pinienkernen garniert servieren.

Shorabat Banadoura wa Ruz
Paradeissuppe mit Reis (vegan)

1 l Paradeissaft
¼ Tasse Rundkornreis
2 EL Olivenöl
2 Knoblauchzehen
1 TL getrocknete Korianderblätter
Salz
weißer Pfeffer

Reis waschen und 10 min in Wasser einweichen. Wasser abgießen und Reis im Paradeissaft aufkochen. Danach auf kleiner Flamme köcheln lassen. Knoblauch in einer Pfanne mit Olivenöl goldgelb anrösten, Koriander dazugeben. Wenn der Reis gar ist, Knoblauch und Koriander in die Suppe geben, mit Salz und Pfeffer abschmecken, kurz umrühren und warm servieren.

Shorabat Khudra bi Lahmeh
Lamm-Gemüse-Suppe

½ Lammstelze mit Knochen
1 Zucchini
1 Stangensellerie
½ Tasse Fadennudeln oder Reis
2 Karotten
1 Zwiebel
1 Zimtstange
2 Lorbeerblätter
etwas geriebene Muskatnuss
Pfefferkörner
Salz

Lammstelze mit Wasser bedeckt zum Kochen bringen. Nach ca. 15 min (wenn das Fett aus dem Fleisch ausgetreten ist) das Kochwasser wegschütten, durch frisches ersetzen und weiterkochen. Dadurch wird der oft als unangenehm empfundene Geruch des Lammfettes erheblich verringert. In der Zwischenzeit Gemüse (bis auf die Zwiebel) waschen und würfelig schneiden. Die Zwiebel in zwei Hälften schneiden und zur Stelze geben. Alle Gewürze in ein Netz binden und ebenfalls in den Topf werfen, das Gemüse dazugeben. Kurz vor dem Garwerden Reis oder Nudeln dazugeben.

Man kann diese Suppe auch als reine Gemüsebrühe zubereiten und die Lammstelze separat kochen. Das Fleisch wird in diesem Fall nachträglich in die Suppe eingelegt. Auf diese Weise vermeidet man den Geruch des Lammfettes nahezu vollständig.

GASTFREUNDSCHAFT

Möge dieser Tisch immer gedeckt sein ...

Gastfreundschaft, Respekt und Höflichkeit werden im arabischen Raum großgeschrieben. In der Tradition der Beduinen gelten diese Prinzipien als zentrale Tugenden. Diese Tugenden wurden oft mit dem Essen verbunden. Egal ob Freund, Bekannter oder Fremder: Für die Beduinen ist der Gast stets ein Ehrengast. Diese Gastfreundschaft umfasst aber auch Schutz. So gilt es den Gast aufzunehmen, zu bewirten und Schutz anzubieten. Erst nach drei Tagen, nämlich dann, wenn ein Gast nicht mehr als Gast gilt, fragt man nach der Absicht des Besuches bzw. nach der Person des Gastes oder nach dem Reiseziel.

Ein arabisches Sprichwort lautet: »Oh, du unser Gast, der du gekommen bist, uns zu besuchen. Sei gewiss, du bist der Hausherr und wir die Gäste.« Daher gilt ein ungeschriebenes Gesetz, Gäste zu bewirten, ihnen das Wertvollste anzubieten, sogar alles, was man besitzt. Bereits in der Bibel wird an diese Tradition angeknüpft. Im Buch Genesis lesen wir über den Besuch der drei Männer bei Abraham: »Dann lief er zum Vieh, suchte ein schönes, gesundes Kalb aus und befahl dem Knecht, es zuzubereiten.«[7]

Großzügigkeit ist ebenfalls ein zentrales Thema, wenn es um Gastfreundschaft geht. Menschen würden eher Geld ausleihen, um ihre Gäste zu bewirten, als ihrer Pflicht den Gästen gegenüber nicht nachzukommen. Sie würden sich dafür schämen, die Gäste nicht entsprechend behandelt zu haben. Geiz gilt als eine Unart und kann zu sozialer Verachtung führen. Sowohl über Großzügigkeit als auch über Geiz finden sich viele mündliche Überlieferungen und Sprichwörter. Ein geiziger Mensch zum Beispiel wird im Arabischen oft als »Vater des Kreuzkümmels« bezeichnet. Die Pflanze braucht zum Wachsen nämlich sehr viel Wasser, ihr Ertrag jedoch ist gering. So

---

[7] Genesis 18, 7.

steht der »Vater des Kreuzkümmels« für jemanden, der viel nimmt, aber ungern gibt.

Im arabischen Raum bildet das Essen ein wichtiges Fundament des sozialen Lebens. Essen ist nicht eine Sache, die sich nach dem Hungergefühl richtet, vielmehr geht es hier um soziale Kommunikation und soziale Bindung. Um den Tisch versammeln sich Familie, manchmal die Großfamilie, Nachbarn, Freunde oder Fremde, eingeladene wie unerwartete Gäste. Die Zeit des gemeinsamen Speisens ist eine Zeit des Austausches. Die Vielfalt an Vorspeisen eignet sich für diese Funktion hervorragend. Eine große Menge an Salaten und Vorspeisen ist in der Region Bilad al-sham ein Muss. Die Vorbereitung der Vorspeisen ist meistens viel zeitaufwendiger als die der Hauptspeise. Meistens sind auch die Kosten, die mit den Vorspeisen verbunden sind, weit höher als die der Hauptspeise. Dem Verzehr der Vorspeisen wird auch weit mehr Zeit eingeräumt als der Hauptspeise. Der Genuss der Vorspeisen bedeutet Zeit für Kommunikation: Es wird erzählt, gelacht, getrunken, Neuigkeiten werden ausgetauscht – manchmal stundenlang. Wenn die Hauptspeise schließlich serviert wird – sie fällt im Vergleich zu den Vorspeisen eher bescheiden aus –, ist der Besuch bzw. das Zusammensein nahezu am Ende angelangt. Die Nachspeise und der Kaffee folgen unmittelbar auf die Hauptspeise.

Aber auch Feste und besondere soziale Anlässe sind stark mit dem Essen verbunden. Über die Jahrhunderte haben sich hierzu vielerlei Bräuche entwickelt. So sind bestimmte Feste bzw. Anlässe mit bestimmten Speisen verbunden. Eine Auflistung solcher Bräuche wäre ein Ding der Unmöglichkeit, da diese sich nicht nur von Land zu Land unterscheiden, sondern auch innerhalb eines Landes, zwischen Stadt und Land sowie innerhalb religiöser Gemeinschaften.

Kulturelle Missverständnisse

Die arabische Gastfreundschaft ist bekannt. Ein Besucher wird fast belästigt durch die nicht enden wollende Aufforderung, doch noch etwas zu essen. Ein ungeschriebenes Gesetz besagt, dass man dem Gast dreimal nacheinander etwas anbieten muss. Meist greifen die Einheimischen erst nach dem dritten Mal zu. Ich kann mich noch gut daran erinnern, als junges Mädchen nichts von dieser Tradition gehalten zu haben. Ein deutscher Freund, der lange in Palästina lebte, kam einmal zu uns. Höflich bot ich ihm Essen an, doch er lehnte dankend ab. Also räumte ich das Essen weg. Am Abend war der Arme so hungrig, dass er meinen Bruder um etwas zu essen bat. Dabei fragte er höflich, wieso ich nicht – wie es üblich sei – dreimal nachgefragt hätte. Er hatte Hunger gehabt, aber erst beim dritten Mal zugreifen wollen. Pech für meinen deutschen Freund! Ich habe es damals nicht für möglich gehalten, dass er sich mehr aus der Tradition macht als ich. Interkulturelle Verständigung war immer schon eine schwierige Aufgabe!

Andere Missverständnisse ergeben sich, weil die Kulturstandards einfach unterschiedlich sind. Nehmen wir zum Beispiel die Sache mit dem Teller-leer-Essen, »damit die Sonne morgen scheint«. Wenn Sie sich diesen Rat in arabischen Ländern zu Herzen nehmen, dann brauchen Sie sich gar nicht zu wundern, wenn Ihnen immer wieder nachgegeben wird. Denn in arabischen Ländern ist es üblich, etwas auf dem Teller zurückzulassen, um zu zeigen, dass man satt ist.

Doch nicht nur in der Begegnung mit fremden Kulturen sind diese Missverständnisse vorprogrammiert, sondern ebenso innerhalb der eigenen Kultur, weil Sitten und Gebräuche auch dort variieren. So erzählte uns kürzlich ein Freund aus Jordanien, der seit Langem im Ausland lebt, dass er bei seinem letzten Besuch in der Heimat auch hinsichtlich der eigenen kulturellen Standards etwas dazugelernt habe. Er wurde von einer Beduinen-Familie eingeladen, weil er nach langer Zeit wieder einmal zu Hause war. Ein Festessen wurde vorbereitet. Er, der Ehrengast, wurde besonders großzügig behandelt. Beim traditionellen Mittagessen Mansaf (siehe Rezept S. 63) wurde ihm die Zunge des Schafs angeboten – ein Zeichen der Achtung. Er freute sich und nahm sie dankend an. Auf dem Weg nach Hause fragte ihn dann sein Bruder, wann er denn nun die Gegeneinladung machen wolle. Was unser Freund nicht wusste: Die Zunge war nicht nur ein Zeichen der Achtung, sondern bedeutete auch die Verpflichtung, demnächst zu sich nach Hause einzuladen.

HERBST

VORSPEISEN

Zaher bi Tahina
Karfiol mit Tahina (vegan)

1 kleiner Karfiol
50 ml Tahina (siehe Grundrezept S. 169)
1 Knoblauchzehe
Salz, Pfeffer und Muskatnuss
Petersilie zum Garnieren

Karfiol in mundgerechte Stücke schneiden und in Salzwasser 15 min kochen (bis die Röschen weich sind). Knoblauch hacken und mit der Tahina und 2 Esslöffeln Wasser vermischen, dann die restlichen Gewürze dazugeben. Karfiol-Stücke auf einem flachen Teller anrichten und mit der Tahina-Sauce übergießen, sodass die Stücke bedeckt sind. Anschließend Petersilie darüberstreuen.

Betengan bi Laban
Melanzani in Joghurt-Sauce (vegetarisch)

1 große Melanzani
1 Knoblauchzehe
1 Bund Minze
1 Becher Joghurt (10 % Fett)
1 EL Tahina (siehe Grundrezept S. 169)
1 EL Zitronensaft
Salz
Olivenöl

Melanzani waschen und in dünne Scheiben schneiden. Salzen und rasten lassen, damit das Wasser austreten kann. Knoblauch und Minze hacken und in das Joghurt einrühren. Tahina und Zitronensaft vermischen, zum Joghurt geben und gut verrühren. Melanzanischeiben in Olivenöl beidseitig goldbraun braten und auf einem Küchenpapier abtropfen lassen. In Würfel schneiden und mit dem Joghurt vermengen. Wer die Melanzani nicht braten möchte, kann sie im Rohr grillen. Danach mit etwas Olivenöl beträufeln und in Würfel schneiden. Schmeckt genauso gut, dauert aber nicht so lange und ist nicht so fett.

Mutabal Betengan
Melanzaniaufstrich I (vegan)

3 große Melanzani
2 Knoblauchzehen
Saft einer Zitrone
1 Schuss Granatapfel-Sauce (siehe S. 164)
Salz & Pfeffer

Melanzani waschen, abtrocknen, ein paar Mal mit einer Gabel anstechen und im Rohr grillen. Anschließend Melanzani abkühlen lassen. Knoblauch mit Salz und Pfeffer im Mörser zerstoßen. Melanzani schälen (die Haut lässt sich nun leicht abziehen) und im Mörser zerdrücken. Mit Zitronensaft abschmecken. Auf einen Teller geben, mit Olivenöl beträufeln und mit einem Schuss Granatapfel-Sauce als Garnierung servieren.

Diese Vorspeise war ein Lieblingsgericht meines Vaters. Er grillte die Melanzani sogar auf einem Gasherd über kleiner Flamme, zerdrückte das Ganze im großen Steinmörser mit einer Chilischote und servierte das Gericht lauwarm mit viel Olivenöl.

Schmeckt im Sommer erfrischend und ist leichter als die Variante mit Tahina (siehe folgendes Rezept).

Mutabal Baba Ghanouj
Melanzaniaufstrich II (vegan)

3 große Melanzani
2 Knoblauchzehen
Saft von 2 Zitronen
150 ml Tahina (siehe Grundrezept S. 169)
Salz

Melanzani waschen, abtrocknen, ein paar Mal mit einer Gabel anstechen und im Rohr grillen. Anschließend abkühlen lassen, schälen (die Haut lässt sich nun leicht abziehen), in eine Schüssel geben und mit einer Gabel zerdrücken. Zitronensaft und Tahina in einer kleinen Schüssel vermischen und rühren, bis eine weiße flüssige Sauce entsteht; wenn notwendig, mit etwas Wasser verdünnen. Dann die Sauce über die Melanzani-Masse geben, den Knoblauch zerdrücken und beifügen; anschließend mit Salz abschmecken.

Koussa maqli
Gebratene Zucchini (vegan)

500 g Zucchini
2 Knoblauchzehen
Saft einer Zitrone
Salz
frische Minze
4 EL Olivenöl

Zucchini waschen und in dünne Scheiben schneiden (ca. 5 mm stark). Mit Salz bestreuen und rasten lassen. Knoblauch, Salz und Minze im Mörser zerkleinern, anschließend Zitronensaft und Olivenöl dazugeben. Zucchinischeiben in Öl goldbraun braten (oder im Rohr grillen) und dann mit der Marinade übergießen.

Houssat Koussa
Gebratenes Zucchinifleisch (vegan)

500 g Zucchini
1 Zwiebel
1 Knoblauchzehe
1 Paradeiser
Salz & Pfeffer
Olivenöl
Saft einer halben Zitrone
1 Prise getrocknete Minze

Diese Vorspeise wird vor allem dann gekocht, wenn auch gefüllte Zucchini zubereitet werden (siehe Rezepte S. 33, 38, 96), denn man verwendet dafür das Innere der Zucchini. Natürlich können auch ganze Zucchini verwendet werden.

Zwiebel und Knoblauch hacken und in etwas Olivenöl anrösten. Zucchini in Würfel schneiden und dazugeben, gut umrühren. Paradeiser schälen und im Ganzen dazugeben, zudecken. 15 min später Zitronensaft und Minze beifügen und gut vermischen, ohne die Paradeiser zu zerdrücken. Kalt oder warm servieren.

Houssat Shoumar
Gebratene Fenchelknollen (vegan)

3 große Fenchelknollen
2 Zwiebeln
5 Knoblauchzehen
Salz
1 TL Curry
Olivenöl
Saft einer halben Zitrone

Fenchelknollen waschen und in kleine Stücke schneiden. Zwiebel und Knoblauch klein schneiden und in Olivenöl goldbraun anbraten. Die Fenchelstücke dazugeben, umrühren und auf mittlerer Hitze braten, bis die Fenchelstücke weich sind. Danach Salz, Curry und Zitronensaft beifügen und gut rühren, damit die Farbe des Currys einzieht. Warm servieren.

HAUPTSPEISEN

Majdara masfaieh
Pürierte Linsen (vegan)

300 g braune Linsen
1 Tasse Rundkornreis
2 Zwiebeln
geriebener Kreuzkümmel
Salz & Pfeffer
Olivenöl

Linsen waschen und mit reichlich Wasser (mind. 3 Liter) kochen. Reis waschen und in warmem Wasser einweichen. Währenddessen Zwiebel klein schneiden und in Olivenöl auf mittlerer Flamme hellbraun anrösten. Danach 2 Esslöffel Wasser in die Zwiebelpfanne geben.
Zwischendurch immer wieder nachschauen, ob die Linsen noch genügend Wasser haben, evtl. ergänzen. Wenn die Linsen so weich sind, dass sie auf der Zunge zergehen, mit einem Stabmixer pürieren, bis eine dickflüssige Masse entsteht. Abgeseihten Reis dazugeben und auf kleiner Flamme köcheln, bis der Reis weich ist; dabei immer wieder umrühren. Salz, Pfeffer, Kreuzkümmel und den gerösteten Zwiebel dazugeben und umrühren. Anschließend die Masse auf tiefe Teller verteilen und kalt stellen. Das Gericht bekommt puddingartige Konsistenz, wenn es kalt wird. Dazu empfiehlt sich Krautsalat, Kraut-Rote-Rüben-Salat (siehe Rezept S. 115) oder Gurken-Joghurt-Salat (siehe Rezept S. 50).

Burgul Banadoura
Burgul mit Paradeisern (vegan)

300 g grober Burgul (Weizenschrot)
½ kg Paradeiser
2 Zwiebeln
20 ml Olivenöl
Salz & Pfeffer

Paradeiser und Zwiebeln klein würfelig schneiden. In einem Topf Zwiebel in Olivenöl goldbraun anrösten, danach die Paradeiser dazugeben und kurz umrühren. Burgul waschen, abseihen und mit Zwiebel und Paradeisern kurz mitrösten, mit Salz und Pfeffer abschmecken. Danach ¾ Liter Wasser dazugeben und auf mittlerer Hitze kochen, bis das Wasser verdampft ist.

Wir mögen dieses Gericht etwas schärfer und geben ein paar Chilischoten zum Zwiebel. Kurz vor dem Garwerden fügen wir ein paar geschälte frische Feigen hinzu. Kurz umrühren und warm servieren. Joghurt und frische Minze als Beilagen runden dieses Gericht ab. Als ich meiner Schwester von der Feigen-Variante erzählte, war sie schockiert, weil die Kombination für sie sehr ungewöhnlich klang. Feigen werden im Libanon ausschließlich frisch vom Baum gegessen.

Kubbet Laqteen (vegan)
Kürbis-Burgul-Auflauf

500 g Hokkaidokürbis
75 g feiner Burgul
1 Zwiebel
1 EL Mehl
je 1 Prise getrockneter Majoran, Minze
Salz & Pfeffer

FÜLLUNG:
500 g frischer Blattspinat
100 g gekochte Kichererbsen
1 Zwiebel
25 ml Olivenöl
Spritzer Zitronensaft
1 TL Sumach
Salz & Pfeffer

Kürbis schälen und in große Stücke schneiden. In einem Topf mit Wasser ca. 15 min. kochen und danach abseihen. Etwas vom abgeseihten Wasser zurückbehalten. Burgul mit dem Kürbis vermischen und kalt stellen. Zwiebel grob schneiden und mit Mehl, Majoran, Minze, Salz und Pfeffer in der Küchenmaschine pürieren. Danach mit Kürbis und Burgul vermischen und gut durchkneten, bis eine geschmeidige Masse entsteht. Wenn sie zu trocken ist, etwas vom Kürbiskochwasser dazugeben. Anschließend den Kürbisteig in den Kühlschrank stellen.

Für die Füllung die Zwiebel in Ringe schneiden. In einem Topf die Hälfte des Olivenöls erhitzen und darin die Zwiebeln goldbraun rösten, danach den gewaschenen und abgetropften Spinat dazugeben, kurz mitrösten und halb garen. Zum Schluss die gekochten Kichererbsen vorsichtig unterheben. Die Kichererbsen sollten nicht zerdrückt werden. Sumach, Spritzer Zitronensaft, Salz und Pfeffer dazugeben und abschmecken.

Eine Auflaufform einfetten und die Hälfte der Kürbis-Burgul-Masse als erste Schicht mit der Hand in die Form drücken, sodass der Boden gut bedeckt ist. Die Füllung gleichmäßig darauf verteilen. Die restliche Kürbis-Burgul-Masse gleichmäßig über die Füllung verteilen und an den Rändern gut abschließen. Danach die Handinnenflächen mit Wasser und Olivenöl anfeuchten und die obere Kürbis-Burgul-Schicht gleichmäßig andrücken.

Im vorgeheizten Backrohr bei 180 °C ca. 30 min backen.

Koussa mahshi
Gefüllte Zucchini mit Fleisch

1 kg kleine Zucchini
1 kg Paradeiser
300 g Rundkornreis
½ kg Faschiertes vom Rind
4 Knoblauchzehen
Saft einer Zitrone
1 EL 7-Gewürzmischung (siehe S. 165)
Salz & Pfeffer
1 EL getrocknete oder frische Minze
evtl. etwas Butter
Olivenöl

Reis in Wasser einweichen. Zucchini waschen und Strunk und Kopf abschneiden. Mit einem Apfelausstecher das Zucchinifleisch entfernen. Vorsichtig arbeiten, da Zucchini eine zarte Haut besitzen, die nicht verletzt werden soll. Das Innere kann für eine weitere Vorspeise (siehe Rezept S. 89) verwendet werden, also im Kühlschrank aufbewahren.

Zucchini abspülen und in Wasser einlegen. Reis abseihen und mit dem Faschierten, der 7-Gewürzmischung und 1 Teelöffel Salz gut vermischen. Evtl. einen Löffel Butter zum Reis-Gemisch geben. Zucchini aus dem Wasser holen und abschütteln. Die Zucchini mit dem Reis-Fleisch-Gemisch füllen (nur zu etwa drei Vierteln voll!). Dafür kleine Mengen nach und nach mit dem Zeigefinger hineindrücken. Paradeiser klein würfelig schneiden und in Olivenöl in einem großen Topf kurz anbraten und mit Salz und Pfeffer abschmecken. Gefüllte Zucchini zu den Paradeisern in Topf legen und mit Wasser bedecken. Wenn das Wasser kocht, auf mittlere bis niedrige Hitze zurückdrehen, damit die Zucchini nicht zerplatzen, und ca. eine Stunde köcheln lassen. Minze und Knoblauch zerdrücken, mit Zitronensaft mischen, gegen Ende über die Zucchini verteilen und 10 min ziehen lassen. Warm servieren.

Laqteen mahshi
Gefüllter Kürbis

1 mittelgroßer Hokkaidokürbis

FÜLLUNG:
100 g Rundkornreis
200 g Faschiertes vom Rind
1 EL 7-Gewürzmischung (siehe S. 165)
Salz & Pfeffer
1 Handvoll Mandel- & Pinienkerne
1 EL Butter

Rund um den Stielansatz einen Deckel aus dem Kürbis schneiden und diesen aushöhlen (Fasern und Kerne entfernen). Mit Salz bestreuen und ruhen lassen.

Füllung vorbereiten: Reis einweichen. Mandel- und Pinienkerne in Butter anrösten und auf Küchenpapier legen. Faschiertes in einem Topf im eigenen Fett durchrösten. Die 7- Gewürzmischung, Salz und Pfeffer dazugeben, umrühren und kurz zudecken. Reis abseihen und unter das Faschierte rühren. Mit Wasser aufgießen, bis die Reisoberfläche bedeckt ist, und bei mittlerer Hitze kochen. Wenn der Reis noch nicht ganz gar ist (keine Panik, auch wenn er gar ist), Topf vom Herd nehmen und etwas rasten lassen. Mandeln und Pinienkerne untermischen.

Den Kürbis füllen, mit dem Kürbisdeckel verschließen und den gesamten Kürbis mit Alufolie bedeckt im vorgeheizten Backrohr bei 180 °C ca. 2 Stunden garen. Warm mit Gurken-Joghurt-Salat (siehe Rezept S. 50) als Beilage servieren.

Maqloubet Betengan
»Umgedrehte« mit Lamm

300 g Reis (3 Tassen)
3 große Melanzani
3 Zwiebeln
5 Knoblauchzehen
1 kg Lammfleisch (in Würfel geschnitten, kann auch Rindfleisch sein)
Salz
2 TL 7-Gewürzmischung (siehe S. 165)
Lorbeerblätter
Zimtstange

Zuerst wird das Fleisch mit einer Zwiebel, ein paar Lorbeerblättern, der Zimtstange und Salz gekocht (Suppe nicht wegschütten!).

Übrige Zwiebeln in Ringe schneiden, die Knoblauchzehen ungeschält waschen und beides mit dem Fleisch in Butter in einem großen Topf kurz durchrösten.

Melanzani waschen, in Scheiben schneiden und mit Salz bestreuen. Austretendes Wasser abtupfen. Dann die Scheiben entweder grillen (in einem Zangentoaster) oder in einer Pfanne mit wenig Fett kurz anbraten; danach auf einem Küchenpapier abtropfen lassen.

Den Reis waschen, mit Salz und der 7-Gewürzmischung gut verrühren. Anschließend zuerst eine Schicht Melanzani über das Fleisch schichten, dann den Reis und zum Schluss den Rest der Melanzani darauf verteilen. Danach pro Tasse Reis eineinhalb Tassen Suppe über das Gericht gießen. Zudecken, kurz aufkochen lassen, dann auf kleiner Flamme ca. 35 Minuten garen lassen.

Vor dem Servieren den Topf auf eine Platte stürzen und vorsichtig hochziehen. Die einzelnen Schichten sollen erhalten bleiben.

Idreh
Reis mit Fleisch

300 g Reis (3 Tassen)
1 Zwiebel
1 Knoblauchknolle
½ kg Rindfleisch (Gulaschfleisch, in Würfel geschnitten)
Salz
Lorbeerblätter
Zimtstange

Zuerst wird das Fleisch mit einer Zwiebel, Lorbeerblättern, einer Zimtstange und Salz gekocht (die Suppe nicht wegschütten!), bis es gar ist.

Knoblauch in Scheiben schneiden, in einem zweiten Topf mit Butter kurz anrösten und die Fleischstücke dazugeben. Den Reis waschen, salzen, gut umrühren und zum Fleisch geben. Danach mit eineinhalb Tassen Suppe pro Tasse Reis aufgießen. Zudecken, kurz aufkochen lassen, dann auf kleiner Flamme ca. 25 Minuten garen lassen. Evtl. mit gerösteten Mandeln und Pinienkernen garnieren.

Kafta bi Saniehe
Kafta-Auflauf in Paradeissauce

Kafta sind Fleischbällchen aus faschiertem Rindfleisch: Es gibt unzählige Rezept-Variationen. Einige davon haben wir hier angeführt. Das Grundrezept für Kafta finden Sie auf S. 166.

½ kg Kafta-Masse
½ kg Erdäpfel
3 große Paradeiser
1 l Paradeissaft

Erdäpfel schälen und in Scheiben schneiden. In Salzwasser ¾ gar kochen, abseihen. Kafta-Masse in eine gefettete Backform füllen (entweder zu Bällchen geformt oder einfach den Boden der Form damit bedecken). Paradeiser in Scheiben schneiden. Erdäpfel und Paradeiser auf der Kafta-Masse verteilen und etwas salzen. Mit Paradeissaft übergießen und im Backrohr auf 200 °C (Umluft) 25 min lang garen. Warm mit Ruz bi Sharieeh (siehe Grundrezept S. 168) als Beilage servieren.

Kafta bi Tahina
Kafta-Auflauf in Tahina

½ kg Kafta-Masse (siehe Grundrezept S. 166)
½ kg Erdäpfel
1 Tasse Tahina (siehe Grundrezept S. 169)
Saft einer Zitrone

Erdäpfel schälen und in Scheiben schneiden. In Salzwasser ¾ gar kochen und danach abseihen. Kafta-Masse in eine mit einem Esslöffel Tahina gefettete Backform geben und verteilen. Erdäpfel auf der Fleischmasse verteilen und etwas salzen. Im Backrohr bei 200 °C (Umluft) 25 min lang backen. Tahina mit Zitronensaft gut vermischen und danach mit ½ Liter Wasser langsam verdünnen. Wenn die Erdäpfel goldbraun werden, die fertige Tahina-Sauce darübergießen und weitere 5 min garen, sodass die Tahina-Sauce fest wird. Warm mit gemischtem Salat servieren.

HERBSTMENÜS

Vegetarisch

Koussa maqli, Zaher bi Tahina, Fladenbrot
Gebratene Zucchini, Karfiol mit Tahina

∽

Burgul Banadoura
Burgul mit Paradeisern

∽

Mahalabieh Kurkuma
Milchpudding mit Kurkuma

Mit Fleisch

Mutabal Baba Ghanouj, Houssat Shoumar, Fladenbrot
Melanzaniaufstrich (vegetarische Variante), Gebratene Fenchelknollen

∽

Maqloubet Betengan, Khiar bi Laban
»Umgedrehte« mit Lamm, Gurken-Joghurt-Salat

∽

Mighli
Zimt-Kümmel-Pudding

Zu jedem Menü werden Oliven, eingelegte Gemüse und ein »Grüner Teller« (siehe S. 166) gereicht. Fladenbrot siehe Grundrezept S. 170.

DER WEIZEN WANDERT ...

Der Vordere Orient ist die Herkunftsregion des Weizens. Geschichte und Archäologie zeigen, dass Weizen eine der ersten von Menschen kultivierten Pflanzen ist. Die ältesten Funde von Weizen, die in die Zeit zwischen 7800 bis 5200 v. Chr. datiert werden, stammen aus Jordanien, aus Palästina und dem Irak. In der Literatur wird zwischen dem wild wachsenden Weizen und dem Kulturweizen unterschieden. Während der wild wachsende Weizen durch das Ausbrechen der Ähren für seinen Weiterbestand sorgt, ist der Kulturweizen auf die menschliche Arbeit angewiesen: Das Korn muss erst gedroschen und dann ausgesät werden.[8]

Auch in den heiligen Schriften wird Weizen früh erwähnt und mit der Region in Verbindung gebracht. So bezeichnet das Alte Testament Palästina als das Land, in dem Weizen und Gerste gedeihen.[9] An mehreren anderen Stellen wird Weizen und Weizenanbau erwähnt, etwa: »Betten und Becken und Töpfergefäße, und Weizen und Gerste und Mehl, und geröstete Körner und Bohnen und Linsen und Geröstetes davon«.[10] Oder: »Und du, nimm dir Weizen und Gerste und Bohnen und Linsen und Hirse und Spelt, und tue sie in ein Gefäß; und mache dir Brot daraus, nach der Zahl der Tage, die du auf deiner Seite liegst: dreihundertundneunzig Tage sollst du davon essen.«[11] Ebenso: »Rut hielt sich beim Ährenlesen an die Mägde des Boas, bis die Gersten- und Weizenernte beendet war.«[12]

Im Neuen Testament wird Weizen ebenso erwähnt. In Mt 13,24-30.37-39 und in Joh 12,24 wird der Weizen in Gleichnissen als Metapher benutzt, was darauf hindeutet, dass er weit verbreitet war. Doch die Gleichnisse bieten uns nicht nur diese Information, sondern liefern uns zum Teil auch sehr klare Beschreibungen von der Landschaft der Region Bilad al-sham, insbesondere von Palästina, und von der schweren Arbeit, die mit dem Weizenanbau und der

---

8   F. Nigel Hepper: Pflanzenwelt der Bibel, Stuttgart 1992, S. 85.
9   »... ein Land mit Weizen und Gerste« (Dtn 8,8).
10 2. Sam 17,28.
11 Hes 4,9.
12 Rut 2,23.

Ernte verbunden war.[13] Eine Tatsache, die uns auch in den mündlichen Überlieferungen rund um die Volksgesänge beim Weizenanbau, beim Pflügen und bei der Ernte begegnet.

In Palästina beispielsweise sangen die Bauern beim Pflügen: »Wir kümmern uns um deinen Esel, Gott kümmert sich um deine Ernte.« Beim Säen baten sie: »Gott möge uns zu essen geben, uns und anderen durch uns, Gott möge den Vögeln in der dunkeln Nacht Futter geben und den Würmern in den dunkelsten Löchern.«

Ein Erntegesang lautete: »Wäre ich nur eine Wolke, um die Hitze der Sonne zu lindern, oder der Sommerregen, um euch den Frühling herbeizuholen.«[14]

Während man in der Botanik den Kulturweizen je nach der Anzahl der Chromosomen in drei Arten einteilt[15] – das Einkorn, den Emmer und den Brotweizen –, unterscheidet man in den Ländern der Region Bilad al-sham die Arten nach ihrer Herkunft. Am beliebtesten ist der »Baladi«, zu Deutsch der »Einheimische«. Doch Weizen wird in diesen Ländern nicht nur als Mehl für die Herstellung von Brot verwendet, sondern auf unterschiedliche Art und Weise zu Nahrungsmitteln mit Weizen als Hauptzutat verarbeitet. Unter den meist verbreiteten Arten finden sich Burgul[16], Freekeh[17], Jrieche[18].

In diesen Ländern war aber nicht nur der Weizen bekannt, sondern man kannte auch Gerste, Hirse und Durrha (eine Maisart)[19], wenngleich Weizen den wichtigsten Platz einnahm und bis heute beansprucht. Roggen kam viel später in die Region, vermutlich erst mit europäischen Missionaren, was sich darin manifestiert, dass es dafür keinen arabischen Namen gibt.[20]

---

13 F. Nigel Hepper: Pflanzenwelt der Bibel, Stuttgart 1992, S. 86.
14 Nimir Serhan: »Encyclopaedia of the Palestinian Folklore« II, S. 392.
15 Vgl. F. Nigel Hepper: Pflanzenwelt der Bibel, Stuttgart 1992, S. 85.
16 Grütze aus gekochtem Weizen.
17 Halb reifer gerösteter Weizen.
18 Gerstengrütze.
19 F. Nigel Hepper: Pflanzenwelt der Bibel, Stuttgart 1992, S. 86.
20 Gustav Dahlman: Arbeit und Sitte in Palästina Band II 1932, S. 250.

Brot und Öl zeigen das Gedeihen des Hauses

Brot darf auf keinem Tisch fehlen. Heutzutage ist das aus weißem Mehl zubereitete Brot in der Region am weitesten verbreitet. Doch historisch war es ganz anderes: Schon die Bibel nennt uns verschiedene Brotsorten: »Abraham lief sogleich ins Zelt und sagte zu Sara: ›Schnell, nimm drei Backschüsseln von deinem feinsten Mehl, mach einen Teig und backe Fladenbrot!‹«[21]

»Ihr sollt aus euren Wohnungen zwei Brote bringen als Schwingopfer, von zwei Zehnteln feinstem Mehl, gesäuert und gebacken, als Erstlingsgabe für den HERRN.«[22]

»Nimm dir aber Weizen, Gerste, Bohnen, Linsen, Hirse und Spelt und tu alles in ein Gefäß und mache dir Brot daraus, dass du daran zu essen hast, solange du auf deiner Seite liegen musst – dreihundertneunzig Tage.«[23]

»… ungesäuertes Brot und ungesäuerte Kuchen, mit Öl vermengt, und ungesäuerte Fladen, mit Öl bestrichen; aus feinem Weizenmehl sollst du das alles machen.«[24]

Doch nicht nur verschiedene Brotsorten werden in der Bibel genannt, sondern auch die verschiedenen Formen und Namen etwa »Fladen« oder »Kuchen«. Brot ist eben nicht Brot! Da muss man schon genau beschreiben, um welches es sich handelt. In der Region Bilad al-sham kannte man eine Vielfalt an Brotarten, sowohl was die Zutaten als auch was die Vorbereitung anging. Dunkles Brot wurde in verschiedenen Variationen zubereitet.

»Chubz a Ruz« bezeichnet aus Reis zubereitetes Brot, es wurde meistens mit Fisch gegessen. »Chubz Nkhala« ist aus Kleie gebackenes Brot, »Chubz Shaeer« Gerstenbrot und »Chubz Durrha wa Qamh« Brot aus Mais und Weizen.

Leider sind viele Brotsorten inzwischen verschwunden. Das Weißbrot hat sich wohl zu sehr ausgebreitet. Inzwischen öffnen in einigen Ländern europäische Bäckereien und bieten verschiedene Brotsorten an, u.a. auch Mischbrotvarianten oder Schwarzbrot.

Bis heute werden Brote oft nach ihrer Backart unterschieden. Gleichzeitig sind diese Backarten auch stark mit den Lebensumständen der Menschen verbunden: »Saj« zum Beispiel bezeichnet eine

---

21 Gen 18,6.
22 Lev 23,17.
23 Ez 4,9.
24 Ex 29,2.

Eisenschale, auf der sehr dünnes Brot gebacken wird. Sie wird vor allem von Beduinen benutzt, weil sie leicht zu transportieren ist. »Taboun« ist ein Art Ofen, der im Freien mit Dung und Holz beheizt wird, meist in gewölbter Form aus Lehm gebaut. Das Brot wird auf glühender Kohle bzw. Steinen gebacken und bekommt dadurch einen besonderen Geschmack. Diese Art zu backen ist vor allem unter den Bauern verbreitet. In den Städten gab es früher – und gibt es zum Teil noch heute – den »Furn«, eine öffentliche Bäckerei. Frauen brachten ihren eigenen Teig, der dann im »Furn« gebacken wurde. Ein arabisches Sprichwort besagt: »Gib dein Brot dem Bäcker, auch wenn er es zur Hälfte isst.« Profis backen einfach besser!

Doch Brot zu teilen und Brot zu brechen hat auch mit Gemeinschaftsbildung zu tun: Es bildet Vertrauen. Auch hier liefert uns die Bibel verschiedene Belege. In der christlichen Tradition wird die Gemeinschaft bei jedem Abendmahl mit Brot und Wein gefeiert. Die arabische Literatur und die mündliche Tradition liefern auch einiges zu diesem Thema: So spricht man im Arabischen davon, dass Menschen Brot und Salz gemeinsam aßen zum Zeichen der Gemeinschaft und der Treue.

Jrieche – Weizenschrot
oder der Einzug der »schnellen Küche«

Am 28. August feiern die orthodoxen Christen Palästinas die Himmelfahrt Marias. Meine jüngste Tante trägt den Namen Miriam und feiert daher an diesem Tag ihren Namenstag. Die Orthodoxen feiern den Namenstag anstelle des Geburtstags. An diesem Tag wird eine besondere Speise zubereitet: Jrieche. Es ist ein sehr aufwendiges Gericht, nicht so sehr was die Zutaten, sondern was die Vorbereitung anbelangt. Die Zutaten sind sehr einfach: Lammfleisch und Weizengrütze. Das Fleisch wird gekocht und dann wird der Weizen dazugegeben. Doch so einfach ist die Sache nicht. Die Frauen stehen fast zwei Stunden am Herd und rühren, damit die Grütze nicht anbrennt. Traditionell wurde diese Speise im Freien über Kohlen gekocht. Kurz bevor sie fertig ist, kommt frischer Paradeissaft dazu. Das Kochen an sich ist schon ein Fest. Es kommen Verwandte, Freunde und Nachbarn und helfen mit oder sitzen einfach dabei und schauen zu, während sie Neuigkeiten austauschen. Einfache Vorspeisen oder Nüsse helfen, die lange Zeit der Vorbereitungen zu überbrücken. Dann wird einfach aus dem Topf in Teller geschöpft und diese an die Gäste verteilt. Gleichzeitig werden kleine und große Töpfe mit dem Gericht gefüllt, damit diejenigen, die nicht dabei sein können, auch zu ihrer Ration kommen.

Ich weiß noch, dass meine Mutter einmal im Jahr Jrieche zubereitete. Ich habe ihre Geduld immer bewundert. Wir waren nur eine kleine Familie mit zwei Kindern. Für insgesamt drei Personen stundenlang am Herd zu stehen und zu rühren, ist eine Tugend, vor allem weil meine Mutter diese Speise aus gesundheitlichen Gründen gar nicht essen konnte. Doch wie immer hat sie bei der Zubereitung nicht nur an unsere kleine Familie gedacht, sondern auch an die »große« Familie – an Nachbarn und Bekannte.

Bei meinem letzten Besuch in Bethlehem wollte mir meine Kusine geschroteten Weizen mitgeben, damit ich in Wien Jrieche für meine Familie kochen könne. »Nein, danke«, sagte ich, »Geduld für zwei Stunden Rühren habe ich beim besten Willen nicht.« Meine Kusine überraschte mich, indem sie mir sagte, es gäbe mittlerweile eine neue, schnellere und einfachere Art der Zubereitung. Die Jrieche wird in die heiße Fleischsuppe gegeben, wo sie eine halbe Stunde zugedeckt rastet. Dann wird das Ganze erneut aufgekocht, kurz umgerührt und wie üblich weiter vorbereitet. Eine neue Kochart also, die der modernen Frau und ihrer Zeit gerecht wird. Hätte meine Mutter sich für diese Variante entschieden? Ich glaube nicht, denn sie meinte immer, man könne es am Geschmack erkennen, wenn ein Gericht ohne Geduld zubereitet worden sei. Sie erzählte uns, dass mein Vater am Geschmack erkannt habe, ob ein Gericht in Eile oder in aller Ruhe gekocht worden war. Auch an mich scheint etwas von dieser »Gabe« übergegangen zu sein.

DER GESEGNETE BAUM

Einer der wichtigsten Kulturbäume der Region Bilad al-sham ist der Olivenbaum. Die ihr zugehörigen Länder gelten als Heimat des Baumes. Archäologen und Botaniker gehen davon aus, dass der Olivenbaum bereits im Zeitraum 5000 v. Chr. in der Region angebaut wurde. Man nimmt an, dass es zuerst wilde Olivenbäume gab und erst später die uns heute bekannten kultivierten Arten.

Auch hierfür liefert uns die Heilige Schrift verschiedene Belege. Der Olivenbaum scheint unter den Pflanzen, die in der Bibel erwähnt werden, eine besondere Bedeutung zu haben. Die Vielfalt seiner Nutzung wird erwähnt, so wird beschrieben, dass dieser Baum bzw. sein Öl eines der drei wichtigsten landwirtschaftlichen Produkte des Heiligen Landes darstellte: »Frucht deines Landes, dein Getreide, Most und Öl …«[25] Doch nicht nur zu Zeiten der Bibel war Olivenöl ein wichtiges Produkt. Bereits im Altertum war es Handelsware, die in andere Länder exportiert wurde. Dass der Olivenbaum nicht nur für seine Frucht und für sein daraus gewonnenes Öl bekannt wurde, wird ebenfalls in der Bibel an mehreren Stellen erwähnt. Es wurde in religiösen Zeremonien verwendet, etwa für die Salbung von Priestern, Königen und Propheten.[26] Diese Tradition hat sich bis heute gehalten, etwa bei der christlichen der Taufe.

Dass der Olivenbaum als Symbolik und Metapher dient, zeigt sich zum Beispiel in der biblischen Geschichte rund um die Sintflut.[27] Dort dienen seine Zweige als Zeichen für das Ende der Sintflut und somit als Friedenszeichen zwischen Gott und den Menschen. Auch diese Symbolik ist bis heute erhalten geblieben.

Die Verwendung des Olivenholzes für Schnitzarbeiten wird ebenfalls bereits in der Bibel erwähnt[28], eine Tradition, die bis heute in Palästina gepflegt wird und durch die viele Familien ihren Lebensunterhalt verdienen.

---

25 5. Mose 7,13.
26 2. Mose 30,22-25.
27 1. Mose 8,11.
28 1. Könige 6,23.

Die Olivenernte wird in den Geschichten der Bibel sogar dazu benutzt, soziale Ordnung herzustellen, etwa wenn es heißt: »Wenn du einen Ölbaum abgeklopft hast, sollst du nicht auch noch die Zweige absuchen. Was noch hängt, soll den Fremden, Waisen und Witwen gehören.«[29] Es ist eine Tradition, mit der ich noch aufgewachsen bin.

Im Neuen Testament lesen wir in dem Gleichnis der klugen und törichten Jungfrauen[30], dass das Öl als Brennstoff für Lampen verwendet wird. Auch heute ist das noch so. Nicht nur das Öl, auch die Reste der Kerne, die beim Pressen übrig bleiben, werden statt Kohle als Brennmaterial genützt. Andere Nutzungen des Baumes bzw. seines Öls sind zum Beispiel die Verwendung der Reste der gepressten Kerne als natürliches Düngemittel, das Öl wird für die Produktion von Seife in der Kosmetik und zu medizinischen Zwecken genutzt.

Der Olivenbaum, der wenig Wasser braucht und viel Sonne, der auf Berghängen und im Tal, auf Kalkböden sowie in steinigen Gegenden wächst, passt gut in die Landschaft von Bilad al-sham. Ein Baum, der wenig Arbeit macht, tiefe Wurzeln schlägt, nach kürzester Zeit Früchte trägt und jahrzehntelang lebt, ist für die Menschen der Region ein Segen.

Der Klang der Olivenhaine

Der Olivenbaum hat eine wichtige Bedeutung in der modernen palästinensischen Geschichte, da er als Symbol für das Verwurzelt-Sein im Land fungiert. Olivenöl bildet eine der Hauptzutaten in der mediterranen Küche, so auch in Palästina. Es ist fast unmöglich zu kochen, ohne Olivenöl zu verwenden, vor allem wenn es sich um vegetarische Gerichte handelt.

Der Herbst ist die Jahreszeit der Olivenernte. Die Oliven werden gepflückt und aus ihnen entsteht das neue Öl, das erst einmal sehr bitter schmeckt. Ich weiß noch, dass ich als kleines Kind mit der Familie an den Erntetagen in unseren Hain ging, um Oliven zu pflücken, aber auch mit meiner Klasse ging ich, um die Haine abzuernten, die zu unserer Schule gehörten. Was waren das für eindrucksvolle Erlebnisse! Während der Erntezeit im Oktober wan-

---

29   5. Mose 24,20.
30   Mt 25,1-13.

derten wir in den frühen Morgenstunden zu unserem Olivenhain: mein Vater, meine Mutter, mein Bruder, Verwandte, Bekannte sowie die Tagelöhner. Schon am Vorabend bereitete meine Mutter das Essen vor, während mein Vater die Leitern, Säcke und Decken herrichtete. Früh morgens machten wir uns mit Sack und Pack auf dem Weg. Auf den Straßen Bethlehems begegneten uns mehrere Familien, die ebenfalls auf dem Weg zu ihren Hainen waren. Dort angekommen bereiteten wir alles für den langen Arbeitstag vor: Die Decken wurden unter den Bäumen ausgelegt, die Leitern hingestellt. Dann stiegen die Männer die Leitern hoch und begannen, die Oliven zu pflücken, während die Frauen sich auf den Boden setzten, um die abfallenden Oliven aufzuklauben oder die an den niedrigen Ästen hängenden Oliven zu pflücken. Als kleines Mädchen genoss ich es, auf Bäume klettern zu dürfen und mit den Männern zu arbeiten. Kaum fing die Arbeit an, hörte man Gesänge aus allen Richtungen des Tales. Jemand fing an, ein Lied über die Oliven zu singen, sang eine Strophe und wartete auf die Antwort einer anderen Person. Das Ganze war eher ein Poesiemarathon als ein Singen. So verbrachten wir den Tag mit selbstgereimten Strophen, die einmal aus dem Norden, einmal aus dem Süden, Westen oder Osten des Tales kamen. Die Melodien klingen noch heute in meinen Ohren. An einige wenige Textzeilen kann ich mich erinnern:

»Oh, ihr Houawri-Oliven[31], euer Pflücker kommt im Morgengrauen!«

»Oh, ihr Oliven, ihr tragt die Schuld, lasst euer Öl aus den Augen rinnen!«

»Unsere Oliven sind so groß wie Datteln, nur fünf, sechs füllen ein Glas.«

»Ich werde mit zwei Händen pflücken, um Not und Armut zu entgehen. Ich werde mit zehn Fingern pflücken, um unsere Kuh nicht verkaufen zu müssen.«

Zwischendurch machten wir Pause und aßen, was meine Mutter mitgebracht hatte. Bei Anbruch der Dunkelheit sammelten wir unsere Sachen zusammen, nahmen die Ernte mit, ließen Leitern, Decken und Säcke entweder im Hain oder bei den Nachbarn. Zu Hause wurden die Oliven im Freien auf Decken ausgelegt, damit sie nicht verfaulten.

---

31 Olivensorte.

Dann begann meine Mutter, die besten Oliven herauszusuchen, um sie einzulegen. Die großen Oliven wurden als »Musbah« eingelegt, das heißt, sie wurden mit einem Messer einige Male geritzt, dann für einige Tage ins Wasser gelegt, damit sie den bitteren Geschmack verloren, und schließlich mit viel Zitrone und Pfefferoni in Salzwasser eingelegt. Die etwas kleineren Oliven wurden als »Madqouq« eingelegt: Sie wurden mit einem Stein, später dann durch eine Maschine etwas zerdrückt und anschließend eingelegt.

Je nachdem, wie gut die Ernte war, verbrachten wir zwei, drei oder vier Tage im Hain. In der Zwischenzeit waren die Olivenpressen bereits offen. Wir sammelten erneut Oliven, füllten sie in Säcke und gingen damit zur Presse.

Sobald das frisch gepresste Öl da war, backte meine Mutter Brot, zerteilte es in kleine Stücke, tat Zucker und frisches Öl dazu. Gleichzeitig wurde eine Flasche Öl als Erntedank-Gabe zur Kirche getragen. Mehrere Flaschen verteilte sie an Familienmitglieder und Freunde, damit alle das frische Öl kosten konnten. Bis zu ihrem Tod füllte meine Mutter zuerst die Flaschen für die Nachbarn und Freunde ab, bevor wir an die Reihe kamen. Unser Öl bewahrte meine Mutter schließlich in einem alten Tonfass auf, das extra dafür gemacht war.

Dass der Olivenhain und die Olivenbäume für meine Familie eine wichtige Bedeutung hatten, zeigte sich in vielerlei Hinsicht: Mein Vater bestand zeitlebens darauf, dass bei der Ernte keine Stöcke eingesetzt werden durften, um die Bäume nicht zu verletzen – eine Einstellung, die meine Mutter nach seinem Tod beibehielt. Auch bestanden beide immer darauf, das Land im Frühjahr zu pflügen und alle paar Jahre die großen Äste zurückzuschneiden. Einer der Wünsche meines Vaters vor seinem Tod war, den Hain nicht zu verkaufen. Die Familie sollte sich weiter darum kümmern.

WINTER

VORSPEISEN

**Saltett Malfouf
Krautsalat (vegan)**

*1 kleiner Weißkrautkopf
Zitronensaft
Kümmel (ganz)
1 Knoblauchzehe
Salz
Pfeffer*

Die inneren Blätter des Weißkrauts verwenden: je weicher desto besser. Wenn die Blätter hart sind, kurz in Salzwasser blanchieren.

Nach dem Waschen fein nudelig schneiden. Knoblauch und Kümmel im Mörser zerstampfen. Zitronensaft, Salz und Pfeffer dazugeben und gut verrühren. Anschließend über das Kraut gießen und gut vermischen.

Saltett Malfouf wa Shamander
Kraut- und Rote-Rüben-Salat (vegan)

1 große Rote Rübe
1 kleiner Weißkrautkopf
2 Knoblauchzehen
Saft einer Zitrone
3 EL Olivenöl
Salz & weißer Pfeffer
2 EL geröstete Pinienkerne

Rote Rübe im Ganzen kochen, bis sie weich ist, abkühlen lassen. Kraut vom Strunk lösen und die Blätter waschen. Blätter fein nudelig schneiden. Knoblauch zerdrücken und mit Zitronensaft, Salz und Pfeffer vermischen. Rote Rübe schälen und stiftelig schneiden. Alles mit Olivenöl vermischen, die gerösteten Pinienkerne darüberstreuen und servieren.

Saltett Tahina
Tahina-Salat (vegan)

100 ml Tahina (siehe Grundrezept S. 169)
Saft einer Zitrone
2 Paradeiser
1 Bund Petersilie
20 ml Wasser
1 Knoblauchzehe
Salz & Pfeffer

Petersilie und Paradeiser waschen und abtropfen lassen. Petersilie fein hacken und die Paradeiser klein würfelig schneiden. Knoblauch im Mörser zerkleinern. Tahina, Wasser und Zitronensaft verrühren und die restlichen Zutaten dazugeben. Mit Salz und Pfeffer abschmecken. Wie flüssig der Salat wird, hängt von der Konsistenz der Tahina-Sauce ab. Tahina-Salat sollte nicht sehr fest sein.

Selq bi Tahina
Mangold in Tahina (vegan)

ca. ½ kg Mangold
2 EL Tahina (siehe Grundrezept S. 169)
2 Knoblauchzehen
Saft von 2 Zitronen
Salz
Olivenöl
geröstete Pinienkerne zum Garnieren

Diese Vorspeise wird aus den Stängeln des Mangolds zubereitet, die übrigen grünen Teile der Blätter können für die Linsen-Mangold-Suppe (siehe Rezept S. 78) verwendet werden.

Die Stängel aus den Blättern herausschneiden (trockene Enden entfernen) und in kleine Stücke schneiden. Stängelstücke in Salzwasser mit einem Schuss Olivenöl ca. eine halbe Stunde kochen. Knoblauch hacken und Zitronensaft dazugeben, danach Tahina und Salz. Alles gut vermischen. Wenn die Sauce zu dick ist, mit ein wenig Wasser verdünnen. Wenn die Mangoldstängel weich sind, abseihen und abtropfen lassen. Danach auf einen flachen Teller geben und mit Tahina-Sauce übergießen. Anschließend die gerösteten Pinienkerne darüberstreuen.

Sabanech bi Zait
Spinat in Olivenöl (vegan)

500 g frischer Spinat
1 große Zwiebel
2 Knoblauchzehen
Zitronensaft
je 1 Prise Salz, Pfeffer, Muskatnuss
Olivenöl
1 Handvoll geröstete Pinienkerne

Spinatblätter gut waschen (mindestens zweimal), abtropfen lassen, in Streifen schneiden und kurz blanchieren. Zwiebel in dünne Scheiben schneiden, Knoblauch zerkleinern und in Olivenöl kurz anschwitzen. Danach den abgetropften Spinat beifügen und umrühren, bis der Spinat seine frische Farbe verliert. Zitronensaft dazugeben, anschließend mit Salz, Pfeffer und Muskatnuss würzen.

Auf einem flachen Teller mit den gerösteten Pinienkernen garniert servieren.

Fatayer Sabanech
Spinattaschen (vegan)

Teig siehe Grundrezept S. 171

½ kg frischer Spinat
2 Zwiebeln
1 Handvoll Pinienkerne
Saft einer Zitrone
2 EL Sumach (Essigbaumgewürz)
1 TL Salz
½ Tasse Olivenöl

Spinatblätter gut waschen (mindestens zweimal, bis die Blätter ganz sauber sind). Spinatblätter abtropfen lassen und in Streifen schneiden. Zwiebel fein würfelig schneiden und alle Zutaten gut vermischen. Die Spinatmasse etwas rasten lassen.

Die vorbereiteten Teigkreise auf Backpapier legen und mit jeweils einem Esslöffel der Spinatmasse belegen. Teigkreise an drei Seiten in die Höhe ziehen und zusammenkleben, sodass kleine Teigpyramiden entstehen. Im vorgeheizten Backrohr bei 230 °C goldbraun backen. Die Taschen können warm oder kalt serviert werden. Natürlich kann man auch fertigen Blattspinat benutzen.

Batata bi Kuzbara
Erdäpfel mit Koriander (vegan)

½ kg Erdäpfel
1 Bund Koriander
5 Knoblauchzehen
Olivenöl
Saft einer halben Zitrone
Salz
Paprikapulver

Erdäpfel waschen, schälen und in kleine Stücke schneiden. Anschließend mit Wasser halb gar kochen. Wasser abgießen.
Knoblauch schälen und klein schneiden, Koriander waschen, Blätter abzupfen, grob hacken und mit dem Knoblauch in einer Pfanne in Olivenöl kurz anschwitzen, die Erdäpfel dazugeben. Das Ganze so lange rösten, bis die Erdäpfel goldbraun werden. Vorsichtig umrühren, damit die Erdäpfel nicht zerfallen. Anschließend vom Herd nehmen, in eine Schüssel geben und mit etwas Salz, Zitronensaft und rotem Paprikapulver bestreuen.

Batata wa Beid
Erdäpfel und Eier (vegetarisch)

4 Erdäpfel
2 Eier
1 Knoblauchzehe
1 Spritzer Zitronensaft
Salz & Pfeffer
Olivenöl

Erdäpfel in Wasser gar und die Eier hart kochen. Erdäpfel und Eier schälen und gemeinsam zerdrücken. Knoblauch hineinpressen, mit Salz und Pfeffer abschmecken. Danach Zitronensaft und Olivenöl nach Geschmack dazugeben und kalt servieren.

Foul
Saubohnen-Püree (vegan)

300 g Saubohnen
3 Paradeiser
1 Bund Petersilie
1 Stk. Frühlingszwiebel
2 Knoblauchzehen
Saft von 2 Zitronen
Öl
Salz
Kreuzkümmel

Saubohnen kochen (siehe Grundrezept S. 166).
Die gekochten Bohnen in eine Schüssel geben und mit einer Gabel zerdrücken. Paradeiser, Petersilie, Knoblauch und Zwiebel klein schneiden und dazugeben. Anschließend mit einer Mischung aus Zitronensaft Öl, Salz und Kreuzkümmel marinieren. Vor dem Servieren mit einem Schuss Olivenöl übergießen.

Selq bi Samak
Mangold mit geräucherten Fischfilets

200 g geräucherte Fischfilets
ca. 500 g Mangold
2 Knoblauchzehen
1 rote Zwiebel
Saft einer halben Blutorange
Saft einer halben Zitrone
Salz & Pfeffer
Olivenöl
Pinienkerne

Diese Vorspeise wird aus den Blättern des Mangolds zubereitet, die Stängel können für eine andere Vorspeise (siehe Rezept S. 116) verwendet werden.

Die Stängel aus den Blättern herausschneiden. Die Blätter gut waschen, abtropfen lassen und in kleine Stücke schneiden. Olivenöl in einer Pfanne erhitzen, darin die Pinienkerne goldbraun rösten. Danach Zwiebel in Ringe schneiden und mit den zerdrückten Knoblauchzehen dazugeben. Anschließend die Mangoldblätter beifügen und umrühren, bis die Blätter ihre frische Farbe verlieren. Mit Orangensaft ablöschen und weiterrühren, bis die Hälfte des Saftes verdampft ist. Mit Salz und Pfeffer würzen. Auf einem flachen Teller servieren, die geräucherten Fischfilets darauflegen und mit Zitronensaft beträufeln.

HAUPTSPEISEN

Majdara bi Burgul
Linsen in Burgul (vegan)

300 g braune Linsen
300 g grober Burgul (Weizenschrot)
2 große Zwiebeln
etwas Olivenöl
Salz
Kreuzkümmel
Frühlingszwiebel und Radieschen zum Garnieren

Linsen waschen und in reichlich Wasser (mind. 3 Liter) kochen. Burgul waschen und abtropfen lassen. Währenddessen Zwiebel klein würfelig schneiden und in Olivenöl auf mittlerer Flamme hellbraun anrösten. Danach zwei Esslöffel Wasser in die Zwiebelpfanne geben. Wenn die Linsen weich sind, Zwiebel, Salz und Kreuzkümmel zu den Linsen geben und umrühren. Burgul unterheben und das Ganze kurz aufkochen. Danach auf kleiner Flamme köcheln lassen, bis die Flüssigkeit verdampft ist. Topfdeckel mit einem Tuch umwickeln und 10 min rasten lassen. Mit Frühlingszwiebel und Radieschen garniert servieren.

Kubbet Batat bi Sahnieh
Erdäpfelauflauf (vegan)

1 kg Erdäpfel
250 g feiner Burgul
2 EL Mehl
½ Bund frische Minze
1 Zwiebel
1 TL Zimt
1 TL Paprika
Salz & Pfeffer

FÜLLUNG:
500 g Zwiebeln
100 g gekochte Kichererbsen
1 TL Zimt
Prise Zucker
Olivenöl

Erdäpfel gar kochen, danach schälen und im Mixer fein pürieren. Minze, Zwiebel sowie Zimt, Paprika, Salz und Pfeffer dazugeben und mitpürieren. Anschließend die gewürzten Erdäpfel mit Burgul und Mehl gut vermischen und kneten, bis eine geschmeidige Masse entsteht.

Für die Füllung die Zwiebeln in große Ringe schneiden und in Olivenöl goldbraun rösten. Danach die gekochten Kichererbsen, Zucker und Zimt dazugeben und gut vermischen.

Eine Auflaufform einfetten und die Hälfte der Erdäpfelmasse als erste Schicht mit der Hand in die Form drücken, sodass der Boden gut bedeckt ist. Die Füllung gleichmäßig darauf verteilen. Die restliche Erdäpfelmasse gleichmäßig darüber verteilen und die Ränder des Auflaufs gut abschließen. Danach die Handinnenflächen mit Wasser und Olivenöl anfeuchten und die obere Erdäpfel-Schicht gleichmäßig andrücken. Im vorgeheizten Backrohr bei 180 °C ca. 20 min backen.

Malfouf mahshi Burgul
Krautrouladen mit Burgul (vegan)

1 Weißkrautkopf
Salz

FÜLLUNG:
250 g grober Burgul
1 Knoblauchknolle
3 Frühlingszwiebeln
1 Bund Petersilie
½ Bund frische Minze
1 TL Zimt
1 TL Paprika
Salz & Pfeffer
4 EL Olivenöl
Saft von 2 Zitronen

Die Krautblätter vorsichtig ablösen. In einem großen Topf Wasser mit etwas Salz zum Kochen bringen. Jeweils ein paar der Krautblätter einlegen und kurz blanchieren. Die harten Stängel am Blattgrund ausschneiden. Den Boden eines großen Topfes damit belegen. Die Knoblauchzehen waschen und ungeschält in den Topf geben.

Burgul kurz waschen und abseihen. Frühlingszwiebeln, Petersilie und Minze fein schneiden und mit dem Burgul vermischen. Mit Zimt, Paprika, Salz, Pfeffer und 2 EL Olivenöl würzen und gut vermischen.

Krautblatt nehmen und je nach Größe mit etwa einem Esslöffel der Füllung belegen. Man setzt die Füllung an den Anfang des Blattes und rollt es zusammen. Die Blattenden fest andrücken und eine Rolle nach der anderen in den Topf schichten. Zum Schluss salzen und mit einem umgedrehten Deckel oder mit einem Teller beschweren, damit sich die Blätter beim Kochen nicht öffnen. Anschließend die Rollen knapp mit kaltem Wasser bedecken (der umgedrehte Deckel bzw. Teller ist dabei auch unter Wasser), ca. 10 min sprudelnd kochen lassen, dann bei schwacher Hitze ca. 40 min köcheln lassen, bis nahezu das ganze Wasser verkocht ist. Das verbleibende Wasser abgießen.

Vor dem Servieren Zitronensaft mit dem restlichen Olivenöl vermischen und über die Rouladen träufeln.

Mloukhia
Muskraut-Eintopf

Man erhält Mloukhia (Langkapselige Jute oder Muskraut, lat. *Corchorus olitorius*) als getrocknete Blätter in orientalischen Lebensmittelläden.

½ kg Mloukhia
1 Huhn
1 Zwiebel
½ Knoblauchknolle
1 Bund frischer Koriander
20 g Butter
1 Zimtstange
3 Lorbeerblätter
Saft von 2 Zitronen
Salz & Pfeffer

Huhn waschen und portionieren, evtl. Haut abziehen. Hühnerteile in einem Topf mit Wasser, den Gewürzen und 1 Zwiebel (im Ganzen) 40 min kochen. Inzwischen Knoblauch schälen und in dünne Scheiben schneiden. Koriander waschen und hacken. Wenn das Huhn gar ist, in einem anderen Topf Butter zerlassen und Knoblauch und Koriander anschwitzen, die getrockneten Mloukhia-Blätter darin schwenken und langsam mit Hühnersuppe aufgießen, sodass die Blätter das Wasser aufsaugen. Anschließend nochmals mit Suppe aufgießen und zugedeckt 30 min kochen lassen. Zuletzt Zitronensaft dazugeben. Mloukhia wie einen Suppentopf in Schüsseln servieren, die Hühnerteile obendrauf legen.

Man lässt die Hühnerteile nicht mitkochen, da Mloukhia das Hühnerfleisch dunkel färben kann. Mloukhia wird warm mit getoastetem Fladenbrot und fein geschnittenem Zwiebel in Essigwasser serviert. Oder man isst dazu Ruz bi Sharieeh (siehe Grundrezept S. 168) als Beilage.

Manchmal wird Mloukhia mit Lammfleisch gekocht und zusätzlich mit Hühnerteilen garniert.

Fasulia Beidaa
Eintopf aus weißen Bohnen

300 g weiße Bohnen
400 g Lammfleisch mit Knochen
3 kleine gekochte Erdäpfel
3 Zwiebeln
1 Knoblauchzehe
Saft einer Zitrone
Salz, Pfeffer und Zimt
1 Bund Petersilie zum Garnieren

Bohnen in reichlich warmem Wasser über Nacht einweichen. Am nächsten Tag die Bohnen waschen und in reichlich Wasser (mind. 3 Liter) zum Kochen bringen. Anschließend Fleisch, Salz und Pfeffer dazugeben. Das Fett laufend abschöpfen; lange kochen, bis die Bohnen weich sind (mind. 2 Stunden). Die gekochten Erdäpfel und die Zwiebeln würfelig schneiden und gemeinsam mit Zimt, Zitronensaft und Knoblauch in die Suppe geben. Auf kleiner Flamme mind. 1 Stunde weiter köcheln lassen.

Dieser Eintopf wird genauso lange gekocht wie Gulasch, damit er gut wird. Er schmeckt besser, je öfter man ihn aufwärmt. Wer sich die Mühe macht, dieses Gericht zuzubereiten, sollte die doppelte Menge kochen und portionsweise einfrieren.

Yachnet Sabanech
Spinat-Eintopf

1 kg frischer Spinat
½ kg Rindfleisch (Gulaschfleisch)
20 g Butter
1 Zwiebel
4 Knoblauchzehen
1 Zimtstange
2 Lorbeerblätter
etwas Muskatnuss
Saft einer Zitrone

Spinat waschen und in Streifen schneiden.
Fleisch würfelig schneiden. Zwiebel und Knoblauch klein schneiden. Butter erhitzen und Zwiebel und Knoblauch darin anschwitzen. Danach Fleischstücke dazugeben und weiter rühren. Gewürze und Wasser dazugeben und 20 min kochen. Danach Lorbeerblätter und Zimtstange herausnehmen, Spinat dazugeben und etwas Wasser ergänzen, wenn zu wenig Flüssigkeit vorhanden ist. Weitere 20 min kochen und gegen Schluss Zitronensaft dazugeben.
Wird warm mit Ruz bi Sharieeh (siehe Grundrezept S. 168) als Beilage serviert.

Yachnet Elkafta
Kafta-Eintopf

½ kg Kafta (siehe Grundrezept S. 166, aber ohne Zwiebel und Paradeiser zubereiten!)
½ kg Erdäpfel
1 Zwiebel
2 Paradeiser
1 l Paradeissaft
1 Tasse Bratöl (z.B. Maiskeimöl)
Petersilie zum Garnieren

Aus der vorbereiteten Kafta-Masse werden Bällchen geformt und in Öl goldbraun gebraten. Kafta-Bällchen auf Küchenpapier abtropfen lassen. Mit einem Ei wird die Masse noch fester, die Bällchen können dann auch im Rohr gebacken werden.

Erdäpfel waschen, schälen und in Würfel schneiden. Zwiebel in dünne Ringe schneiden. Paradeiser schälen (vorher in kochendem Wasser blanchieren, dann löst sich die Haut leicht) und grob schneiden. Zwiebel im Topf anschwitzen, danach die Paradeis-Stücke dazugeben und umrühren. Erdäpfel dazugeben, mit verdünntem Paradeissaft aufgießen und zum Kochen bringen. Danach bei mittlerer Hitze köcheln lassen, bis die Kartoffelstücke weich werden (etwa 20 min). Kafta-Bällchen in den Paradeiser-Eintopf einlegen und vorsichtig umrühren, damit die Bällchen nicht zerfallen. Bei niedriger Hitze etwa 15 min lang köcheln lassen, damit der Eintopf den Geschmack der Bällchen annimmt und fester wird. Wird warm mit Ruz bi Sharieeh (siehe Grundrezept S. 168) als Beilage serviert. Mit Petersilie garnieren.

Malfouf mahshi
Krautrouladen

1 Weißkrautkopf
1 TL Kreuzkümmel
1 Knoblauchknolle
Salz

FÜLLUNG:
300 g Rundkornreis
½ kg Faschiertes vom Rind
1 EL 7-Gewürzmischung (siehe S. 165)
2 EL Olivenöl
Salz & Pfeffer
Saft von 2 Zitronen

Reis einweichen. Die Krautblätter vorsichtig ablösen. In einem großen Topf Wasser mit etwas Salz und Kreuzkümmel zum Kochen bringen. Jeweils ein paar der Krautblätter einlegen und kurz blanchieren. Die harten Stängel am Blattgrund ausschneiden. Den Boden eines großen Topfes damit auslegen (man verhindert so ein Anbrennen der Rouladen). Die Knoblauchzehen waschen und ungeschält in den Topf geben.

Reis abseihen und mit den anderen Zutaten gut vermischen. Krautblatt nehmen und je nach Größe mit etwa einem Esslöffel der Masse belegen. Man setzt die Füllung an den Anfang des Blattes und rollt es zusammen. Die Blattenden fest andrücken und eine Rolle nach der anderen in den Topf schichten. Zum Schluss salzen und mit einem umgedrehten Deckel oder mit einem Teller beschweren, damit sich die Blätter beim Kochen nicht öffnen. Anschließend die Rollen knapp mit kaltem Wasser bedecken (der umgedrehte Deckel bzw. Teller ist dabei auch unter Wasser), ca. 10 min sprudelnd kochen lassen, dann bei schwacher Hitze ca. 40 min köcheln lassen, bis nahezu das ganze Wasser verkocht ist. Das verbleibende Wasser abgießen. Vor dem Servieren etwas Zitronensaft über die Rouladen träufeln.

Burgul bi Daffien
Burgul mit Fleisch

400 g grober Burgul (Weizenschrot)
½ Tasse gekochte Kichererbsen
1 kg Lammfleisch von der Keule
6 kleine Zwiebeln
1 Handvoll Pinienkerne
jeweils 1 TL Zimt & schwarzer Pfeffer
etwas Butter

Zwiebel schälen und ganz lassen. Fleisch in mundgerechte Stücke schneiden (wie für Gulasch). Zwiebel, gekochte Kichererbsen und Fleisch in wenig Butter anschwitzen und ca. 10 min lang unter Rühren anbraten, mit Zimt und Pfeffer würzen. Danach mit 1 Liter Wasser aufgießen und zum Kochen bringen. Auf mittlerer Hitze eine halbe Stunde kochen lassen und gelegentlich umrühren. Burgul in kaltem Wasser einweichen (ca. 5-10 Minuten) und abseihen. Pinienkerne in Butter anrösten und auf Küchenpapier legen. Burgul in der Pinienkern-Pfanne kurz schwenken und zum Fleisch geben, ebenso die Pinienkerne. Auf mittlerer Hitze ca. 15 min kochen, bis das Wasser verdampft und der Burgul weich ist.

Kubbeh bi L´furun
Burgul-Auflauf

300 g feiner Burgul (Weizenschrot)
1 Zwiebel
2 EL Kubbeh-Gewürzmischung (siehe S. 165)
Salz

Füllung:
300 g Faschiertes vom Rind
3 Zwiebeln
1 EL 7-Gewürzmischung (siehe S. 165)
Salz
1 Handvoll Pinienkerne
20 g Butter

Wir fangen mit der Füllung an: Pinienkerne in Butter goldbraun rösten, auf Küchenpapier abtropfen lassen. Faschiertes in dieselbe Pfanne geben, anrösten, dabei ständig umrühren. Danach den fein geschnittenen Zwiebel, die 7-Gewürzmischung, Salz und Pinienkerne dazugeben und zugedeckt auf kleiner Flamme durchbraten.
    Burgul in Wasser einweichen. Inzwischen Zwiebel sehr fein schneiden. Wenn man einen Fleischwolf besitzt, Burgul und die Zwiebel mindestens zweimal durch den Fleischwolf drehen. Ansonsten die Zutaten vermischen und gut durchkneten, bis eine geschmeidige Masse entsteht. Wenn sie zu trocken ist, kann man die Hände mit etwas Olivenöl oder Wasser befeuchten und weiterkneten. Die Masse halbieren. Kubbeh-Masse mit der Hand in eine gefettete Form drücken, sodass der Boden der Form bedeckt ist. Danach die Füllung darauf verteilen. Die restliche Kubbeh-Masse auf eine Klarsichtfolie geben. Die Kubbeh-Masse mit den Händen darauf verteilen, festdrücken und die Folie auf die Form stürzen. Mit feuchten Händen die obere Kubbeh-Schicht über der Füllung gleichmäßig schließen. Mit Olivenöl beträufeln und 20 min lang im vorgeheizten Backrohr bei 200 °C backen. Warm mit Gurken-Joghurt-Salat (siehe Rezept S. 50) als Beilage servieren.

WINTERMENÜS

Vegetarisch

Selq bi Tahina, Fladenbrot
Mangold in Tahina

∼

Majdara masfaieh, Khiar bi Laban
Pürierte Linsen, Gurken-Joghurt-Salat

∼

Katayef
Mit Nüssen gefüllte Teigtaschen

Mit Fleisch

Adas bi Hamoud, Fladenbrot
Linsen-Mangold-Suppe

∼

Kafta bi Saniehe, Saltett Malfouf wa Shamander
Kafta-Auflauf in Paradeissauce, Kraut- und Rote-Rüben-Salat

∼

Mahalabieh
Milchpudding

Zu jedem Menü werden Oliven, eingelegte Gemüse und ein »Grüner Teller« (siehe S. 166) gereicht. Fladenbrot siehe Grundrezept S. 170.

TRAUBEN UND WEIN

*Iss Feigen und sieh, wie stark deine Unterarme werden,
iss Trauben und sieh, wie rot deine Wangen werden.*

Zu den wichtigsten in der Region Bilad al-sham kultivierten Obstsorten gehören Datteln, Feigen, Granatäpfel und Trauben. Sie wurden in dieser Gegend zum Teil schon sehr früh angebaut. Der Weinstock nimmt eine besondere Bedeutung ein: Das Bergland zwischen Kleinasien und Mesopotamien gilt als die Heimat dieser Pflanze. Die Archäologie datiert die bisher gefundenen Traubenkerne aus der Region auf die Zeit um 8000 v. Chr.

Wiederum liefert uns die Bibel an verschiedenen Stellen Belege für die Verbreitung von Weinstöcken. In der Genesis wird Noah als der erste Ackerbauer bezeichnet, der einen Weinstock pflanzt und so auch zum ersten Winzer wird.[32] Die Bibel geht auf die Länder der Region Bilad al-sham gezielt ein, wenn es darum geht, die Qualität der Weinstöcke bzw. der Weine hervorzuheben. Die Gegend um Hebron in Palästina wird zum Beispiel ihrer weithin bekannten Trauben wegen erwähnt: »Der Ort heißt Bach Eskol um der Traube willen …«[33] Auch mit Aussagen über die Weine des Libanons und seiner Qualität werden wir konfrontiert: »… sein Gedächtnis soll sein wie der Wein am Libanon.«[34] Nicht zuletzt werden syrische Weine erwähnt: »Dazu hat auch Damaskus bei dir geholt deine Arbeit und allerlei Ware um Wein von Helbon.«[35]

Auch in ägyptischen Quellen aus der Zeit um 1360 v. Chr. wird davon berichtet, dass Wein aus Palästina nach Ägypten geholt wird.[36] Wein mit einem arabischen Land in Verbindung zu bringen, scheint heutzutage vielen absurd, denn Alkohol und arabische Länder scheinen nicht wirklich zusammenzupassen. Weit gefehlt! Das Wort Al-

---

32 1. Mose 9,20.
33 4. Mose 13,24.
34 Hosea 14,8.
35 Hesekiel 27,18.
36 Vgl. F. Nigel Hepper: Pflanzenwelt der Bibel, Stuttgart 1992, S. 96.

kohol ist in seinem Ursprung arabisch und geht auf das Wort »alkuhl« (Augenpulver) zurück.[37]

Das Neue Testament berichtet in vielen Gleichnissen über Weinstöcke – auch ein Beweis dafür, dass diese Pflanze im Leben der Menschen bekannt war. Eine zentrale Bedeutung gewinnt der Wein im Neuen Testament an zwei Stellen: zum einen in der Hochzeit zu Kana, wo es um das erste Wunder geht, das Jesus vollbringt, nämlich Wasser in Wein zu verwandeln[38], zum anderen spielt er eine wichtige Rolle beim letzten Abendmahl[39].

Auch in der Volkstradition hat der Weinstock besondere Bedeutung erlangt. Ein Volkslied aus Palästina besagt: »Oh, ihr Trauben, Speise der Geliebten, wären die Kerzen nicht teuer, würde ich euch die Nächte erleuchten!«

Traditionell war die Zeit der Traubenernte eine Zeit des Feierns. Die Familien lebten während dieser Zeit auf ihren Ländereien, bei Tag arbeiteten und in der Nacht feierten sie unter den Reben. So erzählt ein anderes Volkslied von den abendlichen Festen: »Unter den Reben, beim Weinstock am Berg, schön ist das Beisammensein bei Vollmond. Neben den Weinstöcken singen und tanzen wir; oh, wie schön ist das Leben hier im Paradies!«

Der Weinstock bietet den Menschen, die in der Region Bilad al-sham leben, eine Vielfalt an Nahrungsmitteln und Getränken. Sowohl die Trauben als auch die Weinblätter werden gegessen. Im Herbst werden aus Trauben viele unterschiedliche Lebensmittel erzeugt und für den Verzehr während des kommenden Jahres in den Vorratskammern verstaut. Die bekanntesten darunter sind Rosinen und Malban[40], weiters Dibs, auch Traubenhonig genannt[41], und Traubenessig.

Im Herbst wird der Traubensaft frisch getrunken oder zu Sirup eingekocht, der das ganze Jahr über genießbar bleibt. An alkoholischen Getränken produziert man in diesen Ländern aus Trauben sowohl Arak, einen Schnaps, der aus Trauben und Anis gebrannt wird, als auch Wein.

---

37 Andreas Unger: Von Algebra bis Zucker. Arabische Wörter im Deutschen, Stuttgart 2006, 31 ff.
38 Johannes 2, 1-12.
39 Matthäus 26, 27-28.
40 Eine Süßigkeit, die aus Traubensaft, Zucker, Stärke, Mehl und Nüssen gekocht und danach getrocknet wird.
41 Der eingedickte Saft von Trauben, oft mit Tahina anstatt von Marmelade in der Winterzeit gegessen.

GEWÜRZE UND KRÄUTER

*Ein Tisch ohne frische Kräuter ist wie
ein alter Mann ohne Verstand.*

Der Einsatz vieler verschiedener Gewürze bildet ein Hauptmerkmal der Küche der Region Bilad al-sham. Schon sehr früh kannte man dort eine Vielfalt an Gewürzen – zum Teil einheimische, zum Teil aus anderen Ländern importierte, etwa aus Indien oder China. Die Seidenstraße spielte eine entscheidende Rolle bei der Verbreitung fremder Gewürze. Der Gewürzhandel war eine der wichtigsten und ertragreichsten Einkommensquellen auf dieser Route, die jahrhundertelang von den Arabern kontrolliert wurde. Die Gewürze wurden zu verschiedenen Zwecken benutzt, für die Medizin, für religiöse Zeremonien, zur Konservierung von Lebensmitteln oder direkt zum Würzen von Speisen.

Beim Kochen werden die Gewürze entweder einzeln oder als Gewürzmischungen eingesetzt. Je nach Region oder Gericht gibt es verschiedene Mischungen. Eine der verbreitetsten ist die »7-Gewürzmischung« (siehe S. 165), die hauptsächlich für rotes Fleisch benutzt wird. Die Gewürzmischungen aus der Region Bilad al-sham versprechen einige Überraschungen an Aromen und Geschmackserlebnissen. Obwohl fast alle Gewürze, die dort benutzt werden, auch in anderen Ländern bekannt sind, ist die Zusammensetzung bzw. ihr Einsatz bei verschiedenen Gerichten unterschiedlich und ausschlaggebend. Das süßliche Aroma in salzigen Gerichten wird durch den Einsatz von Zimt beim Würzen von Fleischgerichten erzeugt, während ein säuerliches Aroma durch die Verwendung von Zitronensaft oder Granatapfel-Sauce hervorgerufen wird. Alles in allem ist die Küche der Region Bilad al-sham eher mild in ihrer Würzung. Auch ausgefallene Mischungen, etwa mit Rosenblättern, sind verbreitet.

Da die Gegend reich an Kräutern ist, werden sie in Speisen und Tees verwendet. Petersilie und Koriander spielen als frische und getrocknete Kräuter die Hauptrolle. Der Salat »Tabuleh« (siehe Rezept S. 48) zum Beispiel besteht hauptsächlich aus Petersilienblättern. Danach kommt auf der Skala der wichtigsten Kräuter der wilde Thymian (Quendel), auf Arabisch »Za'atar« genannt. Er ergibt einen hervorragenden Salat für Grillgerichte, wenn man ihn frisch bekommt. Vom europäischen Thymian unterscheidet er sich durch seinen intensiven Geschmack. Za'atar wird aber auch eine Gewürzmischung genannt, die wilden Thymian enthält (siehe S. 165).

Unmittelbar danach auf der Beliebtheitsskala folgen Salbei und Fenchel.

Wer heute in Palästina, dem Libanon, Jordanien oder Syrien reist, freut sich über die Gewürzvielfalt, die in den Basaren der Städte angeboten wird. Meist findet man die Gewürze in riesigen Säcken in den Gewürzläden nebeneinander aufgestellt.

Die wichtigsten Gewürze in der Region Bilad al-sham:

Anis, Gewürznelken, Ingwer, Kardamom, Kreuzkümmel, Kümmel, Kurkuma (Gelbwurz), Mahlab (gemahlener Keimling aus dem Kern der Felsenkirsche, *Prunus mahaleb L.*), Mastix (Wilde Pistazie, *Pistacia lentiscus L.*), Muskatnuss, Piment (Nelkenpfeffer, Neugewürz), Safran, Schwarzer Pfeffer, Schwarzkümmel (Zwiebelsamen, *Nigella sative L.*), Senfkörner, Sumach (Essigbaumgewürz, *Rhus coriaria L.*), Zimt

Die wichtigsten Kräuter:

Basilikum, Dille, Fenchel, Koriander, Lorbeer, Majoran, Minze, Oregano, Petersilie, Rosenblätter, Salbei, Wegrauke (Raukensenf, *Sisymbrium officinale*), Za'atar (Quendel, wilder Thymian)

Gewürzmischungen siehe Grundrezepte S. 165

SÜSSIGKEITEN

Viele arabische Süßspeisen benötigen Zuckersirup (Qater, siehe Grundrezept S. 167). Gerade die Verwendung dieses Sirups schreckt viele Menschen in Europa ab, weil sie glauben, dass das Gebäck im Sirup schwimmen müsse, was aber nicht stimmt. Man kann die Menge des Sirups – und damit das eigene Maß an Süße – selbst bestimmen.

Awamaat
Süße gebratene Teigbällchen

400 g Mehl
2 Becher Joghurt (10% Fett) à 250 g
1 Päckchen Germ
Qater (Zuckersirup, siehe Grundrezept S. 167)
Öl zum Braten (z.B. Maiskeimöl)

Mehl, Germ und Joghurt zusammenmischen und zu einem Teig verarbeiten. Eine Stunde rasten lassen, bis sich das Teigvolumen verdoppelt hat. Öl erhitzen, Teig nach und nach in einen Spritzsack füllen und damit kleine Bällchen ins Öl setzen. Goldbraun braten. Danach abtropfen lassen und noch warm in dünnflüssigen Zuckersirup tauchen. Wenn die Bällchen schon vollständig ausgekühlt sind, muss der Sirup erwärmt werden. Je länger die Bällchen in den Sirup getaucht werden, desto süßer sind sie.
Kalt servieren.

Baklawa
Nüsse in Strudelteig

Teig:
250 g Mehl
50 ml Wasser
2 Eier
100 g Reisstärke
2 EL Öl
1 Prise Salz
200 g Butter
100 ml Qater (Zuckersirup, siehe Grundrezept S. 167)

Füllung:
50 g Staubzucker
100 g grob geriebene Cashewkerne
geriebene Pistazien zum Garnieren

Eier schaumig schlagen und mit Mehl, Salz, Wasser und Öl vermischen. Teig ca. 15 min kneten, bis er weich wird. Danach in fünf gleich große Teile schneiden, daraus je eine Kugel formen. Etwas Stärke auf dem Brett verteilen, die Kugeln darauf sehr dünn ausrollen. Der Radius der Teigblätter sollte ca. 25 cm betragen.

Geriebene Cashewkerne und Staubzucker vermischen. Ein Teigblatt nehmen und damit bestreuen. Teigblatt einrollen. Man kann einen Bratspieß zu Hilfe nehmen, um den Teig aufzurollen. Spieß herausziehen, die beiden Enden des gerollten Teigblattes verschließen. Prozedur mit den übrigen Teigblättern wiederholen und die Teigrollen dicht nebeneinanderlegen. Danach mit einem langen und scharfen Messer in kleine Stücke schneiden. Stücke in einer Backform nebeneinanderlegen. Butter schmelzen und die Röllchen damit übergießen (sie sollen in der Butter schwimmen). Im vorgeheizten Backrohr bei 200 °C ca. 20 min backen, bis das Gebäck goldbraun wird. Danach die überschüssige Butter abgießen, indem man das Gebäck mit einem Deckel in der Form hält und die überschüssige Butter an einer Ecke abrinnen lässt. Zuckersirup über die Röllchen verteilen (Menge je nach Geschmack, aber die Röllchen nicht in Zuckersirup ertränken). Die geriebenen Pistazien darüberstreuen und kalt servieren.

Katayef
Mit Nüssen gefüllte Teigtaschen

TEIG:
300 g Mehl
300 ml Milch
½ Päckchen Germ
Bratöl (z.B. Maiskeimöl)

FÜLLUNG:
100 g geriebene Walnüsse
30 g Staubzucker
je 1 Schuss Rosenwasser & Orangenblütenwasser
Qater (Zuckersirup, siehe Grundrezept S. 167)

Füllung: Alle Zutaten gut zusammenmischen und bereit stellen. Teig: Milch, Germ und Mehl zu einem dünnflüssigen Teig verarbeiten und etwas rasten lassen. In einer Pfanne etwas Öl heiß werden lassen. Wie beim Palatschinkenbacken mit einem kleinen Schöpflöffel etwas Teig in die Pfanne gießen, verrinnen lassen (die Teigfladen sollen etwa 15 cm Durchmesser haben) und dunkelbraun backen. Dann wenden, die zweite Seite aber nur kurz backen, somit ergibt sich eine helle und eine dunkle Seite. Danach Füllung auf der hellen Seite verteilen und in der Hälfte zuklappen. Mit etwas Zuckersirup übergießen und kalt servieren.

Basbouseh
Grießkuchen

300 g Grieß
100 g Zucker
50 g Butter
1 Becher Joghurt (10% Fett) à 250 g
100 ml Qater (Zuckersirup, siehe Grundrezept S. 167)
1 Päckchen Backpulver
1 EL Tahina (siehe Grundrezept S. 169)

Zucker, Butter und Joghurt mit einem Stabmixer schaumig rühren. Danach Grieß und Backpulver mit der Joghurtmasse vermischen und mit etwas Wasser zu einem Teig verarbeiten. Backform mit Tahina einreiben. Den Grießteig bis zur Höhe eines Fingerglieds in der Form verteilen und auf 180 °C ca. 20 min backen. Die Oberfläche sollte goldbraun werden. Danach mit Zuckersirup übergießen und 5 min weiterbacken. In kleine Portionen scheiden und mit Mandeln garniert kalt servieren.

Halawet Assamid
Süßes aus Grieß

250 g Grieß
70 g Butter
50 ml Orangenblütenwasser
50 ml Qater (Zuckersirup, siehe Grundrezept S. 167)
3 Mozzarellakugeln à 125 g
Pinienkerne & Mandeln zum Garnieren

Pinienkerne und Mandeln in etwas Butter anrösten, auf Küchenpapier legen. Grieß in eine große Pfanne geben und rühren, bis er warm wird. Danach stückchenweise Butter zufügen und 15 min unter ständigem Rühren anrösten. Der Grieß soll die Butter aufsaugen, darf aber nicht anbrennen. Wenn der Grieß bröselig wird, Zuckersirup langsam dazugeben und weiter rühren. So lange Orangenblütenwasser dazugeben, bis der Grieß zu einem festen Teig wird. Auf niedrige Hitze zurückdrehen. Mozzarella in kleine Stücke schneiden, zum Grießteig geben und rühren, bis der Käse vollständig eingearbeitet ist. Anschließend die Masse flach auf Tellern verteilen, mit den gerösteten Pinienkernen und Mandeln bestreuen und warm oder kalt servieren.

Tien Matbuch
Gekochte grüne Feigen (vegan)

500 g Feigen
250 g Zucker
50 g Sesam
50 g Walnüsse
3 kleine Körnchen Mastix
1 Prise Zitronensäure

Die Feigen grob waschen und abtropfen lassen. Die harten Stielansätze der Feigen abschneiden, danach die Feigen halbieren und in einen Kochtopf geben. Mit dem Zucker bestreuen und ca. 2 Stunden ruhen lassen. Feigen und Zucker bei niedriger Hitze 1 Stunde köcheln und währenddessen ständig wenden. In der Zwischenzeit den Sesam in einer Pfanne ohne Fett rösten, bis er goldbraun wird, und zum Feigen-Zucker-Gemisch geben. Grob gehackte Walnüsse hinzufügen und unter ständigem Rühren eine halbe Stunde lang köcheln. Gegen Schluss die zerdrückten Mastixkörnchen und die Zitronensäure dazugeben. In luftdichte Gläser füllen und kühl aufbewahren.

Die Zitronensäure dient dazu, dass die Farbe der Feigen hell bleibt. Dieses Gericht kann als Frühstück oder als kalte Nachspeise serviert werden.

Knafi
Süße Teigfäden aus dem Rohr

250 g Teigfäden (erhältlich z.B. in türkischen Lebensmittelläden als »Taze Kadayıf«)
50 g Butter
2 Kugeln Mozzarella à 125 g
1 Becher Mascarpone (500 g)
100 g Grieß
300 ml Milch
100 ml Qater (Zuckersirup, siehe Grundrezept S. 167)
gehackte Pistazien zum Garnieren

Mozzarella in dünne Scheiben schneiden. Die Hälfte der Butter in die Pfanne geben und bei niedriger Hitze schmelzen lassen. Die Hälfte der Teigfäden in die Pfanne geben. Teigfäden zerteilen und im heißen Fett kurz schwenken. Danach die Teigfäden in eine gebutterte Form schichten. Milch erwärmen und Grieß dazugeben. Umrühren, bis der Grieß die Milch ganz aufgesaugt hat. Kurz kalt stellen. Anschließend Mascarpone unter den Grieß mischen und die Masse auf der Teigfaden-Schicht verteilen. Mozzarellastücke auf die Grieß-Mascarpone-Masse schichten. Die restlichen Teigfäden wiederum in Butter schwenken und als Abschluss in die Form schichten. Bei 180 °C im vorgeheizten Backrohr 15 min lang backen. Die oberste Teigfaden-Schicht sollte goldbraun werden. Mit Zuckersirup übergießen und nochmals kurz ins Backrohr schieben. Knafi in Stücke schneiden und mit den gehackten Pistazien garniert warm servieren. Knafi eignet sich als Dessert nach allen Hauptspeisen.

Mahalabieh
Milchpudding

1 l Milch
70 g Reisstärke
100 g Zucker
je 50 ml Rosenwasser & Orangenblütenwasser
gehackte Pistazien oder Granatapfelkerne zum Garnieren

Reisstärke in ¼ Liter Milch auflösen. Danach die restliche Milch kurz aufkochen und dann die Milch-Stärke-Mischung einrühren. Auf mittlerer Hitze unter ständigem Rühren kochen lassen, bis die Milch fester wird. Zucker dazugeben und weiter rühren, bis die Milch eine puddingähnliche Konsistenz annimmt. Rosenwasser und Orangenblütenwasser dazugeben, kurz umrühren und vom Herd nehmen. Die Masse in Servierschalen füllen und kalt stellen. Mit gehackten Pistazien oder mit Granatapfelkernen garniert servieren.

Mahalabieh Kurkuma
Milchpudding mit Kurkuma

Die gleichen Zutaten wie Mahalabieh (siehe voriges Rezept), zusätzlich 1 EL Kurkuma (Gelbwurz)

Zubereitung wie Mahalabieh, aber nur die Hälfte der Milchmasse in Servierschalen füllen. Die restliche Masse mit Kurkuma gut vermischen und als Abschluss in die Servierschalen füllen. Man erhält nun zwei verschiedenfärbige Schichten in zwei Geschmacksrichtungen. Natürlich kann man auch Becherformen aus Aluminium benützen und diese kalt stürzen.

Mighli
Zimt-Kümmel-Pudding

1 l Wasser
150 g Reispulver
150 g Staubzucker
2 EL Zimt
2 EL gemahlener Kümmel

ZUM GARNIEREN:
50 g gekochte Pinienkerne
50 g gekochte Mandeln
50 g Kokosraspeln

Diese Süßspeise wird traditionell nach Geburten serviert. Sie soll die jungen Mütter stärken und Blähungen bei Säuglingen mindern. Letztendlich schmeckt sie aber allen sehr gut.

Die Hälfte des Wassers in einem Topf zum Kochen bringen. Zucker, Zimt und Kümmel ins kochende Wasser geben und umrühren, bis das Wasser die Farbe der Gewürze annimmt. Reispulver im restlichen Wasser auflösen und nach und nach in den Topf mit dem Gewürzwasser einrühren, bis eine puddingähnliche Masse entsteht. In Servierschalen füllen und kalt stellen. Pinienkerne in einem anderen Topf kurz aufkochen und abseihen. Danach die Mandeln ebenfalls kochen, bis die Schale leicht abgeht. Kokosraspeln auf dem Pudding verteilen, ebenso Pinienkerne und Mandeln. Nochmals in den Kühlschrank stellen und kalt servieren.

Ruz B´halib
Milchreis

Dieses Gericht hat mit dem europäischen Milchreis nichts gemeinsam.

1 l Milch
200 g Reis
200 g Zucker
50 ml Orangenblütenwasser
Pistazien zum Garnieren

Reis waschen und abseihen. In einem Topf mit wenig Wasser (Reis ist knapp bedeckt) halb gar kochen. Danach die Milch dazugeben und auf mittlerer Hitze ca. 30 min lang unter ständigem Rühren einkochen. Zucker dazugeben und weiter umrühren, damit der Reis nicht klebt. Wenn die Masse eine puddingähnliche Konsistenz erreicht, Orangenblütenwasser dazugeben und nochmals kurz umrühren. Danach in Servierschalen füllen und kalt stellen. Mit Pistazien garniert kalt servieren.

KAFFEE

Kaffee ist Medizin gegen die Traurigkeit und Heilmittel für die Seele.

Die Heimat des Kaffees wird in der Region Kaffa – von ihr wird auch der Name Kaffee abgeleitet – im Südwesten Äthiopiens vermutet. Dort wurde er bereits im 9. Jahrhundert erwähnt. Bei seiner Verbreitung ab der Mitte des 15. Jahrhunderts spielte allerdings die jemenitische Hafenstadt Mocha, auf die auch die Bezeichnung Mocca zurückzuführen ist, die entscheidende Rolle. Es gibt viele Vermutungen und Erzählungen darüber, wie der Kaffee von Äthiopien in den Jemen gelangt ist. Während die einen meinen, er sei mit den Sklavenhändlern im 14. Jahrhundert gekommen, glaubten andere an eine Verbindung mit äthiopischen Mönchen und ihrer Mission in der Region Jemen. Wiederum andere sehen den Jemen überhaupt als Heimat der Kaffeebohne an.

Viele Legenden existieren über die Entdeckung des Kaffees. Eine der verbreitetsten Legenden erzählt, dass ein Hirte aus dem Jemen bemerkte, dass seine Ziegen aktiver und wacher wurden, wenn sie von den Blättern der Kaffeepflanze fraßen. Er berichtete einem Sufi-Meister, was er beobachtet hatte. Dieser kostete von den Blättern, um ihre Wirkung zu testen. Nachdem er erkannt hatte, dass sie eine ähnliche Wirkung auf den Menschen hatten, bat er auch seine Gefolgsleute, davon zu essen. Ob diese Legende wahr ist oder nicht, ist einerlei – eines ist dabei wichtig, nämlich die Rolle der Sufi-Tradition bei der Verbreitung des Getränkes. Einige Texte aus dieser Zeit, in der von den Vorteilen des Kaffees auf die menschliche Seele erzählt wird, sind überliefert. In einem davon heißt es:

»Der Kaffee ist Medizin gegen die Traurigkeit und Heilmittel für die Seele.«[42]

---

42 Mahmoud Mifleh Al-Bakr, Al-Qahwa Al Arabia fil Maurouth wal adab al-schaabi, 1995 S. 30.

Es wird angenommen, dass Kaffee am Anfang hauptsächlich in der Medizin verwendet wurde und nicht sehr weit verbreitet war. Die Sufi-Tradition hat dazu beigetragen, dass der Kaffee zu einem gesellschaftlich geachteten Getränk wurde. Man geht davon aus, dass es ebenfalls die Sufis waren, die dieses Getränk in die Region Bilad al-sham brachten. Der Augsburger Arzt Leonhard Rauwolf berichtet über das Getränk in Aleppo bereits im Jahr 1573. Doch mit dessen Verbreitung entflammte auch eine heftige Diskussion um seine Zulassung bzw. sein Verbot. Entscheidend bei dieser Diskussion war, dass ein Zusammenhang zwischen Kaffee und Alkohol hergestellt wurde. Die Auswirkungen des Kaffees auf die Menschen wurden als Rausch und Betäubung angesehen, ähnlich der Wirkung von Alkohol. Diese Diskussion wurde hauptsächlich von religiösen Autoritäten geführt und mündete letztendlich in ein Verbot des Kaffees im Jahre 1511.[43] Ein Verbot, das von Mekka ausging und sich langsam in andere Länder ausweitete. Bei diesem Diskurs scheinen Mekka und Ägypten eine wichtige Rolle gespielt zu haben. So entflammte in Ägypten eine heftige Diskussion zwischen denjenigen, die den Kaffee verbieten wollten, und denen, die als Befürworter des Kaffees galten. Auch in diesem Zusammenhang spielt die Sufi-Tradition eine positive Rolle:

»Der Kaffee, oh ihr Geliebten,
Half mir den Schlaf zu vertreiben,
Und er half mir, mit Gottes Hilfe
Gott zu dienen, als andere schliefen.«[44]

Erst nachdem der Kaffee – vermutlich mit den Pilgern – Mitte des 16. Jahrhunderts in der Türkei ankam und das Osmanische Reich seine Herrschaft über die arabischen Länder ausbreitete, vollzog das arabische Reich eine Reformpolitik, die auch den Diskurs über den Kaffee beendete: Er war von nun an erlaubt.

---

43 Ibd. S. 40.
44 Ibd. S. 51.

Kaffee ist die Milch der Denker und Schachspieler.

Inzwischen hat der Kaffee im arabischen Raum eine wichtige Bedeutung erlangt. Für die Mehrheit der Menschen ist es kaum vorstellbar oder nachvollziehbar, dass die Diskussion um das aromatische Getränk fast zwei Jahrhunderte lang andauerte, denn heute ist sich kaum jemand dieser historischen Debatte bewusst. Kaffee ist in den arabischen Ländern eines der wichtigsten Getränke geworden. Kaffee gehört zur Gastfreundschaft eines Arabers und ist ein Muss bei jedem Besuch.

Gleichzeitig hat der Kaffee eine soziale Funktion übernommen, etwa beim Anhalten um die Hand einer Braut. Dabei wird den Familienangehörigen des Bräutigams, die das Haus der Brautfamilie aufsuchen, um zu werben, Kaffee angeboten. Sie stellen ihn aber vor sich auf den Tisch, ohne ihn zu trinken. Dadurch teilen sie ihren Gastgebern mit, dass sie um die Hand der Tochter anhalten. Der Tradition nach sagt dann das älteste Mitglied der Brautfamilie: »Trinkt euren Kaffee, eure Bitte wird erfüllt.« Erst wird also dem Anliegen zugestimmt, dann wird der Kaffee getrunken. Heute ist dies ein Brauch, der keinerlei Bedeutung mehr hat, denn alles ist bereits vorher ausgemacht. Dennoch wird er symbolisch noch gelebt.

Doch nicht nur bei fröhlichen Anlässen übernimmt der Kaffee eine soziale Funktion, sondern auch bei traurigen: Bei Trauerfeiern etwa wird den Trauergästen drei Tage lang ungesüßter Kaffee angeboten. Dieser Kaffee wird meistens von Verwandten oder Bekannten gekocht und serviert. Bis vor Kurzem wurde er auch gebracht, um die trauernde Familie zu entlasten und um Anteilnahme zu zeigen. Auch in der Beduinen-Tradition spielt Kaffee eine wichtige Rolle bei der Gastfreundschaft, bei der Bewirtung des Fremden sowie bei der Schlichtung von Konflikten. Im Volksmund spricht man von den drei Kaffeetassen: die erste Tasse gilt als herzlicher Willkommensgruß, die zweite trinkt man für das Wohlbefinden und die dritte als Zeichen der Verbundenheit mit den Gastgebern. Die vierte Tasse gilt meist als Verschwendung.[45]

---

45 Ibd. S. 150 ff.

*Der Kaffee muss so heiß sein wie die Küsse
eines Mädchens am ersten Tag,
so süß wie die Nächte in ihren Armen
und so schwarz wie die Flüche der Mutter,
wenn diese von der Sache erfährt.*

Kaffee ist nicht gleich Kaffee. So unterscheidet sich zum Beispiel der Kaffee der Beduinen von dem der Städter sowohl in der Art, wie er gekocht wird, als auch im Verhältnis von Kaffee zu den beigefügten Gewürzen. Bei den Beduinen liegt das Verhältnis von Kaffee zu den Gewürzen etwa bei einem Drittel zu zwei Dritteln. Daher ist die Farbe dieses Kaffees eher hell. In den Städten wird mit Gewürzen sparsamer umgegangen, der Kaffee ist dunkler. Die meistverbreitete Würzung in der Region Bilad al-sham ist die mit Kardamom. Früher – und manchmal noch heute – wurden in bestimmten Ländern bzw. Regionen auch andere Aromastoffe zugesetzt, etwa Muskatnuss, Amber oder Ingwer. Der Volksmund unterscheidet die Kaffeearten danach, welchen Zuckergehalt sie haben. »Sada« heißt der Kaffee ohne Zucker, »wasat« heißt er, wenn er mittelsüß ist, und »helwe« wird er genannt, wenn er süß ist.

Kaffee zu servieren, sei eine einfache Sache – so glaubt man. Nicht ganz, denn Kaffee zu servieren, ist eine Kunst an sich. Für das Servieren gibt es klar definierte, aber ungeschriebene Gesetze. Die Tassen müssen stets in der rechten Hand gehalten werden. Auch für die Art der Kanne, für die Menge des Kaffees und schließlich für die Reihenfolge beim Servieren gibt es Regeln. Man beginnt stets beim ältesten männlichen Gast, dann geht es nach dem Alter, danach kommen die Frauen und schließlich die Gastgeber. In manchen Gegenden bekommt der Gastgeber die erste Tasse, bevor der Kaffee den Gästen angeboten wird, um sicher zu gehen, dass er gut ist, und als Symbol dafür, dass sich der Gastgeber für seine Gäste opfern würde.

Wer im Libanon unterwegs ist, der wird sich wundern, dass man so genannten »Weißen Kaffee« angeboten bekommt. Darunter verstehen die Libanesen mit Orangenblütenwasser vermengtes heißes Wasser. Eigentlich hat dies mit Kaffee absolut nichts zu tun, aber die Bezeichnung hat sich eben eingebürgert. Gerade in den Jahren des Bürgerkriegs war Weißer Kaffee weit verbreitet – nicht zuletzt aufgrund der schwierigen wirtschaftlichen Lage.

Das Rezept dazu finden Sie auf S. 159.

*Aus Unachtsamkeit verschütteten sie Kaffee,
sagten aber: Gutes kommt auf uns zu!*

Auch der Aberglaube ist mit dem Kaffee fest verbunden. So glauben viele Menschen in den arabischen Ländern, dass es ein gutes Omen sei, wenn Kaffee verschüttet wird. So wurde es, wie das oben zitierte Sprichwort zeigt, auch umgedeutet, wenn man aus Versehen Kaffee verschüttete: Dieses »Unglück« wurde durch das Sprichwort rasch in ein gutes Omen verwandelt.

Ein ähnlicher Gedanke steckt wahrscheinlich auch hinter einem in manchen Ländern verbreiteten Brauch, Kaffee vor der Türschwelle zu verschütten, bevor jemand verreist. Der Reisende muss dann über diesen verschütteten Kaffee hinweg den ersten Schritt der Reise machen, was ebenfalls als gutes Omen für eine gesunde und gute Rückkehr gewertet wird.

Nach dem Kaffeetrinken bleibt normalerweise Kaffeesatz in den Tassen. Gerade unter Frauen verbreitete sich der Brauch des Kaffeesatz-Lesens: Die Tasse wird nach dem Trinken umgedreht und kurz stehen gelassen, bis der Kaffeesatz trocken ist. Danach werden die Muster des Satzes in der Tasse interpretiert. Durch den Kaffeesatz wird die Zukunft vorhergesagt. Eines der berühmtesten Lieder, das auf diesen Brauch anspielt, wurde von dem ägyptischen Sänger Abd al-Halim Hafiz gesungen. In der arabischen Welt wurde er als der »Sänger mit der Nachtigall-Stimme« bekannt. Der Text entstammt einem Gedicht des syrischen Dichters Nizar Qabbani:

Die Kaffeesatzleserin[46]

Sie setzte sich, und Angst stand ihr in den Augen
Sie sah auf meine umgestülpte Kaffeetasse
Und sagte: Mein Sohn, sei nicht traurig
Dein Schicksal ist die Liebe

---

46   Khalid Al-Maaly (Hrsg.): Zwischen Zauber und Zeichen. Moderne arabische Lyrik von 1945 bis heute, 2000, S. 52 f.

Mein Sohn, ein Märtyrer ist
Wer in der Religion des Geliebten stirbt
Deine Kaffeetasse ist eine Welt voller Schrecken
Und dein Leben ist Aufbruch und Krieg
Du wirst viel, so viel lieben
Und viel, so viel sterben
Alle Frauen der Welt wirst du lieben
Und zurückkehren wie der besiegte König.

In deinem Leben ist eine Frau, mein Sohn
Ihre Augen … der Herr sei gepriesen!
Ihr Mund ist wie Trauben geformt
Ihr Lachen ist Musik und Blumen
Doch dein Himmel ist regnerisch
Und dein Weg ist versperrt … versperrt.

Denn deines Herzens Geliebte, mein Sohn
Sie schläft in einem verzauberten Schloss
Und das Schloss ist zu groß, mein Sohn
Es wird von Hunden bewacht und Soldaten
Und deines Herzens Prinzessin … sie schläft darin
Ein jeder, der ihr Gemach betritt, ist verloren
Ein jeder, der anhält um ihre Hand
Der dem Zaun ihres Gartens naht, ist verloren
Ein jeder, der ihr die Zöpfe zu lösen versucht
Ist verloren, mein Sohn … verloren.

Ich habe schon viel gewahrsagt und in den Sternen
Gelesen
Doch noch nie aus einer Tasse wie deiner geweissagt
Ich habe noch niemals, mein Sohn
So traurige Dinge geseh'n wie die deinen.
Es ist dir beschieden, in der Liebe stets
Auf Messers Schneide zu wandeln
Und einsam wie die Muscheln zu bleiben
Traurig wie die Trauerweiden
Es ist dir beschieden, auf dem Meer der Liebe
Ohne Segel zu navigieren und millionenmal zu lieben
Und zurückzukehren wie der entthronte König.

GETRÄNKE

Arabischer Kaffee nach Art der Beduinen (vegan)

1 l Wasser
20 g Kardamom-Kapseln
150 g Kaffeebohnen grob gemahlen

Die Beduinen lassen dieses Getränk stundenlang kochen. Da es meistens über einem Lagerfeuer zubereitet wird, bekommt diese Art von Kaffee eine besondere Stärke und Würzung durch die Kardamom-Kapseln, welche die Kaffeesäure binden. Die Zubereitung funktioniert aber auch auf einem ganz normalen Küchenherd.

Kaffeebohnen und die Hälfte der Kardamom-Kapseln grob mahlen und mit Wasser vermischen. Auf mittlerer Hitze mind. 2 Stunden kochen lassen. Danach kurz stehen lassen, sodass sich Kaffee und Kardamom auf dem Boden des Topfes absetzen. Kaffee filtern und mit den restlichen Kardamom-Kapseln noch einmal auf niedriger Hitze kochen. Lauwarm servieren (ohne Zucker!).

Arabischer Kaffee nach städtischer Art (vegan)

1 Tasse Wasser für zwei Personen
40 g fein gemahlener Kaffee
4 Kardamom-Kapseln

Arabischer Kaffee besteht aus verschiedenen Röstungen. Am besten ¼ schwarze Röstung mit ¾ brauner Röstung mischen und sehr fein mahlen. Kardamom lässt man auch mahlen oder man zerdrückt die Kapseln im kochenden Wasser.

Wasser mit den zerdrückten Kardamom-Kapseln zum Kochen bringen. Danach die Kanne vom Herd nehmen und Kaffee einrühren. Wenn man die Kanne nicht vom Herd nimmt, kocht das Wasser sofort über. Langsam noch einmal aufkochen, bis der Kaffeeschaum verschwindet. Einen Spritzer kaltes Wasser in die Kanne geben, damit sich der Kaffee am Grund absetzt. Warm mit Zucker je nach Geschmack servieren.

Weißer Kaffee (vegan)

1 Tasse Wasser für zwei Personen
1 EL Orangenblütenwasser

Hat mit Kaffee nicht zu tun, ist aber sehr beliebt. Besonders eine späte Mahlzeit schließt man mit »weißem« statt mit »echtem« Kaffee ab.
Wasser kochen, mit einem Spritzer Orangenblütenwasser lauwarm servieren. Zucker nach Belieben.

Jalaab
Rosinen-Getränk (vegan)

1 l Wasser
2 unbehandelte Zitronen
100 g kernlose Rosinen
200 g Staubzucker
Pinienkerne

1 Zitrone in dünne Scheiben schneiden und die zweite schälen und als Ganzes verwenden. Rosinen waschen und sehr fein hacken. Wasser zum Kochen bringen und alle Zutaten auf niedriger Hitze 15 min köcheln lassen. Danach in ein großes Einmachglas füllen, verschließen und kalt stellen. Täglich zweimal umrühren. Nach vier Tagen abseihen und den Sirup vor dem Servieren mit Wasser verdünnen. Dieses Sommergetränk wird mit zerstoßenen Eiswürfeln serviert.
Pinienkerne in warmem Wasser einweichen und als »Garnierung« ins Getränk geben.

Limonada bi Nanaa
Limonade mit Minze (vegan)

1 l Wasser
Saft von 4 Zitronen
½ Bund Minze
Zucker nach Belieben
Eiswürfel zum Servieren

Minzeblättchen von den Stängeln zupfen, waschen und fein hacken. Zitronensaft, Zucker und Minze in den Bechermixer geben und nach und nach Wasser dazugeben. Wenn der Zucker sich aufgelöst hat, mit Eiswürfeln servieren.

Shai bi Nanaa
Schwarzer Tee mit Minze (vegan)

1 l Wasser
2 EL schwarzer Tee
1 Bund frische Minze
Zucker nach Belieben

Minzeblättchen von den Stängeln abzupfen und waschen. Wasser kochen und schwarzen Tee dazugeben. Den Tee je nach gewünschter Stärke ziehen lassen. Die Minzeblättchen direkt in die Teegläser geben und Tee darübergießen.

Sharab Arruman
Granatapfelsaft (vegan)

2 große Granatäpfel
1 Schuss Rosenwasser
Zucker nach Belieben

Granatäpfel halbieren und das Innere (samt Kernen) herauslösen, waschen und mit dem Stabmixer pürieren. In einem Topf zum Kochen bringen und ständig umrühren, bis die Masse dick wird. Abkühlen lassen und in einer geschlossenen Flasche aufbewahren. Zum Servieren 2 Esslöffel in einem Glas Wasser auflösen. Mit Zucker und einem Schuss Rosenwasser abschmecken und mit Eiswürfeln servieren.

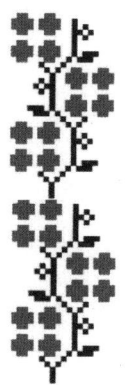

ALLGEMEINE ERKLÄRUNGEN, KOCHRATSCHLÄGE UND GRUNDREZEPTE

Auf der Speisekarte

Die Vorspeisen in der arabischen Sprache heißen »Muqabilat« oder – bei gleichzeitigem Alkoholkonsum – »Mazaat«, ein Begriff, der aus der türkisch-osmanischen Zeit stammt. Für jedes Hauptgericht gibt es bestimmte Vorspeisen, einige können vor einem jeden Hauptgericht gegessen werden. Viele Restaurants und Lokale listen einfach alle Vorspeisen auf, damit der Gast selbst seine individuelle Kombination an Vorspeisen aussuchen kann.

Studiert man die Speisekarte, kommt einem bei den Vorspeisen der Begriff »Housse« unter. Er bedeutet, dass die Vorspeise zumeist mit in Olivenöl geröstetem Zwiebel und Knoblauch und ohne die Beigabe von Wasser zubereitet wird. Diese als »Housse« bezeichneten Gerichte werden meistens mit gefaltetem Fladenbrot gegessen, das zwischen Daumen, Zeige- und Mittelfinger eingeklemmt wird.

Ein weiterer Begriff ist »bi Zait«, was bedeutet, dass die Gerichte in Olivenöl zubereitet werden, aber auch, dass sie vegetarisch sind. Ein anderer regionaler Begriff ist »Syami« und kommt vom »soum«, was fasten bedeutet. Diese Bezeichnung gilt für alle vegetarischen Gerichte, die während der Fastenzeit verzehrt werden.

Ein weiterer Begriff der Küche der Region Bilad al-sham ist »Yachnet«, was so viel wie Eintopf bedeutet. Eintöpfe werden meist mit rotem Fleisch zubereitet.

Weiters gibt den Begriff »Mahshi«, was gefüllt bedeutet. »Koussa mahshi« zum Beispiel sind gefüllte Zucchini. Dann gibt es den Begriff »Saniehe«, der eine Auflaufform bezeichnet. »Saniehe«-Gerichte werden meist im Backrohr zubereitet. »Kafta bi Saniehe« zum Beispiel ist ein aus faschiertem Fleisch im Rohr gebackener Auflauf.

Granatapfelsauce

bezeichnet eingekochte Granatäpfel (Schale und Kerne) und ist in orientalischen Lebensmittelläden in Flaschen abgefüllt erhältlich. Manchmal steht auf dem Etikett auch Granatapfelmelasse, Granatapfelsirup oder Granatapfelkonzentrat. Wichtig ist nur, dieses sehr dickflüssige Konzentrat nicht mit Granatapfelsaft zu verwechseln, der ebenfalls in Flaschen verkauft wird, aber nur aus dem Fruchtfleisch der Granatäpfel besteht und weit dünnflüssiger ist.

Gewürzmischungen

Za'atar-Gewürzmischung

besteht aus wildem Thymian (Quendel), geröstetem Sesam und Sumach (Essigbaumgewürz). Die Mischung ist sehr bekannt im Libanon, in Syrien, Jordanien und Palästina. Za'atar wird mit Brot und Öl (Brot erst ins Öl und dann in die Gewürzmischung tauchen) oder als Fatayer Za'atar (siehe Rezept S. 28) zum Frühstück gegessen. Die Gewürzmischung ist entweder in arabischen Lebensmittelläden, inzwischen aber auch in Dritte-Welt-Läden erhältlich.

7-Gewürzmischung

6 TL Piment
6 TL schwarzer Pfeffer
3 TL Zimt
1 TL Mahlab (gemahlener Keimling aus dem Kern der Felsenkirsche, Prunus mahaleb L.)
1 TL Ingwer
1 TL Nelkenpulver
1 TL Muskatnuss

Kubbeh-Gewürzmischung

6 TL Piment
6 TL schwarzer Pfeffer
3 TL Zimt
2 TL Koriander
3 TL Kreuzkümmel
1 TL Muskatnuss
1 TL Nelkenpulver
1 TL Rosenblätter
½ TL Chilipulver

»Grüner Teller«

Zu jedem großen arabischen Essen gehört – neben Oliven und diversen eingelegten Gemüsen – auch ein »Grüner Teller« auf den Tisch. Er besteht z.B. aus Frühlingszwiebel, Radieschen, frischer Minze, frischer Petersilie, Gurken, Paradeisern und grünem Salat. Natürlich kann er je nach Saison variiert werden.

Hülsenfrüchte (Kichererbsen, Saubohnen)

Im Allgemeinen sollten Kichererbsen bzw. Saubohnen über Nacht eingeweicht werden. Man gibt sie dazu in eine Schüssel mit viel kaltem Wasser, da sie über Nacht Wasser aufsaugen. Am nächsten Morgen die Kichererbsen bzw. die Saubohnen in frischem Wasser gut kochen, bis sie sehr weich sind. Wenn man die Kochzeit um etwa ein Drittel verkürzen will, dann kann man vor dem Kochen einen kleinen Teelöffel Natron (Speisesoda) zu den Hülsenfrüchten geben und diese gut durchmischen. Das Natron muss eine Viertelstunde einwirken. Danach müssen die Kichererbsen bzw. Bohnen gut abgewaschen werden. Anschließend werden sie in viel Wasser gekocht.

Kafta
Grundrezept für Fleischbällchen

1 kg Faschiertes vom Rind
1 Bund Petersilie
1 Zwiebel
1 Knoblauchzehe
1 Paradeiser
1 TL Paradeismark
Salz
Pfeffer
rotes Paprikapulver

Petersilie waschen, abtropfen lassen und sehr fein hacken. Zwiebel ebenfalls fein würfelig schneiden. Wenn ein Fleischwolf vorhanden ist, einfach alle Zutaten mehrmals durch den Fleischwolf drehen und die Masse danach gut kneten. Wenn die Masse zu saftig ist, kann man etwas Mehl oder Semmelbrösel dazugeben. In den Kühlschrank stellen. Diese Masse kann auch für gegrillte Spieße verwendet werden.

Nüsse

Im Allgemeinen werden Nüsse sehr gerne gegessen. Gesalzene Nüsse werden als Vorspeise angeboten oder Gästen, die einfach auf Besuch sind, ohne zum Essen eingeladen zu sein. Bei Festen und für Gäste werden Mandeln und Pinienkerne manchmal kurz in Öl gebraten und über Reisgerichte gestreut. Die Nüsse dienen nicht nur als Garnierung, sondern verleihen dem Reis eine besondere geschmackliche Note. Damit die Nüsse richtig knackig werden, muss beim Rösten etwas Salz dazugegeben werden.

Qater
Zuckersirup (vegan)

3 Tassen Zucker
2 Tassen Wasser
½ Tasse Orangenblütenwasser
1 EL Zitronensaft

Zucker und Wasser in einer Kasserolle zum Kochen bringen, bis das kochende Wasser klar wird. Schaum abschöpfen. Zitronensaft dazugeben und auf mittlerer Hitze 15 min kochen. Danach das Orangenblütenwasser dazugeben und kurz umrühren. Der Sirup ist entweder warm oder kalt zu verwenden.

Reiszubereitung

Ruz bi Sharieeh
Reis mit Fadennudeln (vegan)

2 Tassen Reis
½ Tasse Fadennudeln
1 Esslöffel Olivenöl (oder Butter, dann nicht vegan)
Salz
2½ Tassen kaltes Wasser

Reis waschen, kurz einweichen und anschließend abtropfen lassen. Butter bzw. Öl in einen Topf geben, die Nudeln hineinschütten und goldbraun braten. Anschließend den Reis dazugeben, salzen und umrühren. Dann mit dem Wasser aufgießen, kurz aufkochen lassen und anschließend auf kleine Flamme etwa 20-25 Minuten garen lassen – jedenfalls so lange, bis da ganze Wasser verdampft ist. Den Reis dabei nicht mehr umrühren!

Ruz bi Lahmeh
Reis-Fleisch-Füllung

2 Tassen Reis
300 g Faschiertes vom Rind
3 Tassen kaltes Wasser
1 EL 7-Gewürzmischung
2 Lorbeerblätter
Salz

Fleisch mit den Lorbeerblättern in einem Topf bei schwacher Hitze ca. 15 Minuten im eigenen Fett durchrösten. Inzwischen den Reis waschen und abtropfen lassen. Danach die Lorbeerblätter aus dem Topf nehmen und den Reis zum Fleisch geben. Kurz umrühren, mit Salz und Gewürzen mischen, das Wasser dazugeben, kurz aufkochen lassen und anschließend auf kleine Flamme etwa 20-25 Minuten garen lassen – jedenfalls so lange, bis da ganze Wasser verdampft ist. Den Reis dabei nicht mehr umrühren! Ganz wichtig beim Reiskochen ist das Verhältnis von Reis zu Wasser (1 : 1,5).

Tahina (vegan)

Tahina ist eine Sesamsauce, die in vielen Vorspeisen und einigen Hauptgerichten verwendet wird. Sie hat eine sehr cremige Konsistenz, ist äußerst intensiv im Geschmack und wird meist als Grundlage für andere Gerichte genommen. Erhältlich ist Tahina aus verschiedenen arabischen Ländern und auch aus der Türkei. Die türkische hat einen anderen Geschmack, wir empfehlen daher die arabische (eine Empfehlung ohne jegliche politische Konnotation!).

Wie verarbeitet man Tahina? Die meisten Tahina-Kombinationen bestehen aus Sesam, Knoblauch, Zitronensaft, Salz und Wasser. Da Tahina sehr dickflüssig ist, wird Wasser in kleinen Mengen zum Verdünnen verwendet. Die schnellste und beste Art bei der Verwendung von Tahina ist folgende:

Für eine Tasse Tahina benötigt man mindestens einen Esslöffel Wasser. Man mischt beides zusammen und die Sauce wird erst einmal noch dicker. Erst dann fügt man Zitronensaft hinzu, sodass die Sauce flüssiger wird.

Teige

Fladenbrot (vegan)

½ kg Mehl (man kann weißes Mehl und Vollkornmehl im Verhältnis 1 : 1 mischen)
300 ml lauwarmes Wasser
1 Päckchen Trockengerm
½ TL Salz
1 Prise Zucker
1 TL Olivenöl

Mehl, Salz und Germ zusammenmischen. In der Mitte des Mehlberges eine kleine Grube bilden und das Wasser langsam hineingießen. Mit dem Mehl vermischen und kneten, bis eine einheitliche Masse entsteht. Öl dazugeben und weiterkneten, bis der Teig fest und elastisch wird. Danach den Teig gut zudecken, an einen warmen Ort stellen und gehen lassen, bis sich das Teigvolumen verdoppelt hat. Wieder kurz durchkneten und aus dem Teig kleine Kugeln formen. Teigkugeln auf der bemehlten Arbeitsfläche ausrollen, bis der entstehende Teigkreis ca. ½ cm hoch ist. Mit Mehl bestäuben, auf ein mit Mehl bestäubtes Tuch legen und zudecken; noch einmal gehen lassen. Das Backrohr mindestens 20 Minuten lang auf 250 °C vorheizen, das Brot anschließend ca. 5-10 Minuten backen, ohne das Rohr zu öffnen. Das Fladenbrot muss weich und hell sein und in der Mitte hohl.

Sfiha-Teig

Sfiha ist eine weit verbreitete Vorspeise: Es handelt sich dabei um kleine Pizzas mit unterschiedlichen Belagen. Dieser Teig hat den Vorteil, dass er nach dem Backen weich bleibt. Somit kann man große Mengen von Sfiha vorbereiten, backen und anschließend einfrieren. Bei Bedarf werden die Pizzas aufgetaut und mit dem entsprechenden Belag als Vorspeise warm serviert.

½ kg Mehl (man kann weißes Mehl und Vollkornmehl im Verhältnis 1 : 1 mischen)
1 Becher Joghurt (250 g, 10% Fett)
1 Päckchen Trockengerm
½ TL Salz
100 ml Olivenöl
100 ml lauwarmes Wasser

Das Joghurt sollte etwas mehr als Zimmertemperatur haben. Dazu den Joghurtbecher einfach ins warme Wasserbad stellen. Mehl, Germ und Salz gut vermischen. Olivenöl und Joghurt separat vermischen und nach und nach zum Mehl geben und kneten. Dann langsam das lauwarme Wasser dazugeben, bis der Teig zu einer einheitlich glatten Masse wird. Wenn Sie im Besitz einer Küchenmaschine sind, dann die Zutaten langsam zum Mehl dazugeben, dann Salz und Germ einrühren. Dieser Teig muss mindestens 20 min geknetet werden. Anschließend an einen warmen Ort stellen und warten, bis sich das Teigvolumen verdoppelt hat. Wieder kurz durchkneten und aus dem Teig kleine Kugeln formen. Teigkugeln auf der bemehlten Arbeitsfläche ausrollen, bis die Teigkreise ca. ½ cm hoch sind. Mit einer runden großen Keksform Kreise ausstechen und den Rand hochziehen. Je nach gewünschter Vorspeise den passenden Belag darauf verteilen und backen.

Fatayer-Teig (vegan)

Fatayer-Teig ist dem Pizzateig sehr ähnlich. Er wird aber dünner ausgerollt und in runden Formen ausgestochen. Die verschiedenen Zutaten werden darauf verteilt, der Teigkreis – je nach Füllung – in der Hälfte zugeklappt oder zu einer Pyramide geformt.

400 g Mehl
1 Päckchen Trockengerm
¼ l lauwarmes Wasser
2 EL Olivenöl
1 Prise Salz

Mehl, Salz und Germ zusammenmischen. In der Mitte des Mehlberges eine kleine Grube bilden und das Wasser langsam hineingießen. Mit dem Mehl vermischen und kneten, bis eine einheitliche Masse entsteht. Öl dazugeben und weiterkneten, bis der Teig geschmeidig wird und Blasen wirft. Mit einem Tuch bedecken und an einem warmen Ort ca. 1 Stunde gehen lassen, mindestens aber so lange, bis sich das Teigvolumen verdoppelt hat. Danach noch einmal durchkneten und aus dem Teig kleine Kugeln formen. Die Kugeln dünn ausrollen und mit einer runden großen Keksform Kreise ausstechen. Die angegebene Teigmenge sollte für etwa 20 runde Formen reichen.

Weiterverarbeitung je nach gewünschter Vorspeise.

Literatur

Al-Bakr, Mahmoud Mifleh, Al-Qahwa Al Arabia fil Maurouth wal adab al-schabi, Beirut 1995

Al-Maaly, Khalid (Hg.), Zwischen Zauber und Zeichen, Moderne arabische Lyrik von 1945 bis heute, Berlin 2000

Dahlman, Gustav, Arbeit und Sitte in Palästina, Band II, Gütersloh 1932

Dahlman, Gustav, Arbeit und Sitte in Palästina, Band III, Hildesheim 1964

Dahlman, Gustav, Arbeit und Sitte in Palästina, Band IV, Hildesheim 1964

Dahlman, Gustav, Arbeit und Sitte in Palästina, Band VI, Gütersloh 1939

Dahlman, Gustav, Arbeit und Sitte in Palästina, Band VII, Hildesheim 1964

Das Kamel auf der Pilgerfahrt. 1111 arabische Sprichwörter und 99 Rätsel, ausgewählt von Wilfried M. Bonsack unter Mitarbeit von Rachid Lamrani, Leipzig/Weimar 1985

Hepper, F. Nigel, Pflanzenwelt der Bibel, Stuttgart 1992

Mell, Ulrich (Hg.), Pflanzen und Pflanzensprache der Bibel. Erträge des Hohenheimer Symposions vom 26. Mai 2004, Frankfurt u.a. 2006

Neumann-Gorsolke, Ute/Riede, Peter (Hg.), Das Kleid der Erde. Pflanzen in der Lebenswelt des alten Israel, Neukirchen-Vluyn 2002

Schmitt, Eleonore, Das Essen in der Bibel. Literaturethnologische Aspekte des Alltäglichen (Studien zur Kulturanthropologie 2), Münster 1994

Serhan, Nimir, The Encyclopaedia of the Palestinian Folklore I-III, Amman 1989

Unger, Andreas, Von Algebra bis Zucker. Arabische Wörter im Deutschen, Stuttgart 2006

Zohary, Daniel/Hopf, Maria, Domestications of Plants in the Old World, Oxford ^{2}1993

Viola Raheb

wuchs in Bethlehem auf. In Heidelberg studierte sie Pädagogik und Theologie. Im deutschsprachigen Raum ist Viola Raheb durch zahlreiche Workshops und Vorträge über die soziale, politische und ökonomische Situation der PalästinenserInnen sowie durch Medienauftritte und Publikationen bekannt.

Marwan Abado

ist Sänger, Komponist und Oudspieler (orientalische Kurzhalslaute). Er ist 1967 als Sohn einer palästinensischen Flüchtlingsfamilie in Beirut geboren und aufgewachsen. 1985 kam er nach Wien. Seit 1987 ist er als Musiker tätig und durch zahlreiche internationale Auftritte und CDs bekannt.

Glossar Österreichisch-Deutsch

Backrohr	Backofen
bröselig	krümelig
Burgul (auch Bulgur)	Weizenschrot
Erdapfel	Kartoffel
Faschiertes	Hackfleisch
Fleischhauer	Fleischer, Metzger
Frühlingszwiebel	Jungzwiebel
Grüne Fisolen	Grüne Bohnen
Karfiol	Blumenkohl
Karotte	Mohrrübe, Möhre
Köcheln	Simmern
Kochsalat	Romana-Salat, Römischer Salat, Lattich, Bindesalat
Kraut (Weißkraut)	Weißkohl, Kohl
Lauchstange	Porree
Melanzani	Aubergine
Palatschinke	Pfannkuchen
Paprika	Paprikaschote
Paradeiser	Tomate
Petersilie	Petergrün
Pfefferoni	Pepperoni, Pfefferschote
Polster	Kissen
Rasten lassen	Ruhen lassen
Rohr	Ofen
Rote Rübe	Rote Bete
Saubohne	Ackerbohne
Schöpflöffel	Schöpfkelle
Semmelbrösel	Paniermehl
Spritzsack	Spritzbeutel, Dressiersack
Staubzucker	Puderzucker
Stelze	Haxe
Weißkraut (Kraut)	Weißkohl, Kohl
Zwetschke	Pflaume

Rezeptverzeichnis

7-Gewürzmischung	165	Granatapfelsaft (vegan)	161
Adas bi Hamoud	*78*	Granatapfelsauce	164
Aejet Baqdons	*26*	Grießkuchen	142
Aejet Koussa	*27*	Grüner Teller	166
Aejet Za'atar	*26*	Gurken-Joghurt-Salat (vegetarisch)	50
Artischocken-Eintopf	39	*Halawet Assamid*	*143*
Awamaat	*140*	*Houssat Koussa*	*91*
Baklawa	*141*	*Houssat Shoumar*	*92*
Bamieh bi Zait	*57*	Huhn, gefülltes	35
Baqdonsia	*49*	Huhn, gegrilltes	37
Basbouseh	*142*	Hühnerkeulen im Brotmantel	
Batata bi Kuzbara	*118*	mit Sumach	60
Batata wa Beid	*118*	Hühnerleber, gebratene	55
Beid bi Banadoura	*53*	Hülsenfrüchte	166
Betengan bi Laban	*88*	*Hummus*	*51*
Burgul Banadoura	*94*	*Hummus bi Lahma*	*54*
Burgul bi Daffien	*129*	Hummus-Salat	52
Burgul mit Fleisch	129	*Idreh*	*99*
Burgul mit Paradeisern (vegan)	94	*Jalaab*	*159*
Burgul-Auflauf	130	Joghurt-Creme (vegetarisch)	25
Burgul-Bällchen in Joghurt	58	Joghurtsuppe (vegetarisch)	79
Burgul-Bällchen, gebratene	54	*Kabab Halabi*	*65*
Djaj bi Saniehe	*37*	*Kabab*	*64*
Djaj mahshi	*35*	Kaffee, arabischer, nach Art	
Eintopf aus weißen Bohnen	125	der Beduinen (vegan)	158
Erdäpfel mit Koriander (vegan)	118	Kaffee, arabischer, nach städtischer	
Erdäpfel und Eier (vegetarisch)	118	Art (vegan)	158
Erdäpfelauflauf (vegan)	122	Kaffee, weißer (vegan)	159
Fakhadat Kharouf	*40*	*Kafta*	*166*
Falafel	*52*	*Kafta bi Saniehe*	*100*
Faschiertes nach Aleppo-Art	65	*Kafta bi Tahina*	*100*
Fasulia Beidaa	*125*	Kafta-Auflauf in Paradeissauce	100
Fatayer Jibneh	*25*	Kafta-Auflauf in Tahina	100
Fatayer Sabanech	*117*	Kafta-Eintopf	127
Fatayer Za'atar	*28*	Karfiol mit Tahina (vegan)	88
Fatayer-Teig (vegan)	171	Käsetaschen (vegetarisch)	25
Fatousch	*49*	*Katayef*	*142*
Feigen, gekochte grüne (vegan)	144	*Khiar bi Laban*	*50*
Fenchelknollen, gebratene (vegan)	92	*Kibdeh maqlieh*	*55*
Fisch im Rohr	34	Kichererbsenaufstrich (vegan)	51
Fisch mit frischem Koriander		Kichererbsenaufstrich mit Fleisch	54
und Chili	34	Kichererbsen-Laibchen (vegan)	52
Fisolen, grüne, in Olivenöl (vegan)	56	Kichererbsensalat (vegan)	52
Fladenbrot (vegan)	170	*Knafi*	*145*
Fleischbällchen	166	*Koussa Ablama*	*38*
Fleischpizzas, kleine	28	*Koussa mahshi*	*96*
Fleischtaschen, gebratene	29	*Koussa mahshi*	*33*
Foul	*119*	*Koussa maqli*	*90*

Kraut- und Rote-Rüben-Salat (vegan)	115	Milchpudding	146
Krautrouladen	128	Milchpudding mit Kurkuma	146
Krautrouladen mit Burgul (vegan)	123	Milchreis	148
Krautsalat (vegan)	114	*Mloukhia*	*124*
Kubbeh bi L'furun	*130*	Muskraut-Eintopf	124
Kubbeh bi Laban	*58*	*Mutabal Baba Ghanouj*	*90*
Kubbeh maqlieh	*54*	*Mutabal Betengan*	*89*
Kubbeh-Gewürzmischung	165	Nüsse	167
Kubbet Batat bi Sahnieh	*122*	Nüsse in Strudelteig	141
Kubbet Laqteen (vegan)	*94*	Okraschoten in Olivenöl (vegan)	57
Kürbis, gefüllter	97	Omelett mit Petersilie (vegetarisch)	26
Kürbis-Burgul-Auflauf	94	Omelett mit Thymian (vegetarisch)	26
Laban Emmou	*62*	Omelett mit türkischer Wurst	30
Labaneh	*25*	Omelett mit Zucchini (vegetarisch)	27
Lamm-Eintopf mit grünen Fisolen	61	Paradeiser, gebratene, mit Eiern (vegetarisch)	53
Lammfleisch mit Joghurt und Reis	63	Paradeissuppe mit Reis (vegan)	80
Lamm-Gemüse-Suppe	81	Petersilienomelett (vegetarisch)	26
Lamm-Joghurt-Einopf	62	Petersiliensalat (vegan)	48
Lammkeule, gegrillte	40	Petersiliensalat mit Tahina (vegan)	49
Lammspieße, gegrillte	64	*Qater*	*167*
Laqteen mahshi	*97*	Reis	168
Limonada bi Nanaa	*160*	Reis mit Fadennudeln (vegan)	168
Limonade mit Minze (vegan)	160	Reis mit Fleisch	99
Linsen in Burgul (vegan)	121	Reis-Fleisch-Füllung	168
Linsen, pürierte (vegan)	93	Rosinen-Getränk (vegan)	159
Linsen-Mangold-Suppe (vegan)	78	*Ruz B'halib*	*148*
Linsensuppe (vegetarisch)	79	*Ruz bi Lahmeh*	*168*
Loubieh bi Zait	*56*	*Ruz bi Sharieeh*	*168*
M'sachaan	*60*	*Sabanech bi Zait*	*116*
Mahalabieh Kurkuma	*146*	Salat aus gehackten Pfefferoni (vegan)	51
Mahalabieh	*146*	Salat, gemischter (vegan)	24
Majdara bi Burgul	*121*	Salat, gemischter, mit Fladenbrot (vegan)	49
Majdara masfaieh	*93*	Salat, Gurken-Joghurt- (vegetarisch)	50
Malfouf mahshi	*128*	Salat, Hummus-	52
Malfouf mahshi Burgul	*123*	Salat, Kichererbsen- (vegan)	52
Mangold in Tahina (vegan)	116	Salat, Kraut- (vegan)	114
Mangold mit geräucherten Fischfilets	120	Salat, Kraut und Rote Rüben (vegan)	115
Mansaf	*63*	Salat, Petersilien- (vegan)	48
Maqaneq	*30*	Salat, Petersilien-, mit Tahina (vegan)	49
Maqloubet Betengan	*98*	Salat, Tahina- (vegan)	115
Maqloubet Djaj	*59*	Salat, türkischer, (vegan)	50
Melanzani in Joghurt-Sauce (vegetarisch)	88	*Salata mushkaleh*	*24*
Melanzaniaufstrich I (vegan)	89	*Salata turkia*	*50*
Melanzaniaufstrich II (vegan)	90		
Mighli	*147*		

Saltett Duqa	*51*
Saltett Malfouf	*114*
Saltett Malfouf wa Shamander	*115*
Saltett Tahina	*115*
Samak bi Tahina	*34*
Samake Harraa	*34*
Sambouseq	*29*
Saubohnen-Püree (vegan)	119
Selq bi Samak	*120*
Selq bi Tahina	*116*
Sfiha	*28*
Sfiha-Teig	*170*
Shai bi Nanaa	*160*
Sharab Arruman	*161*
Shorabat Adas	*79*
Shorabat Banadoura wa Ruz	*80*
Shorabat Khudra bi Lahmeh	*81*
Shorabat Laban	*79*
Spinat in Olivenöl (vegan)	116
Spinat-Eintopf	126
Spinattaschen (vegan)	117
Sujuq	*30*
Süßes aus Grieß	143
Tabuleh	*48*
Tahina (vegan)	169
Tahina-Salat (vegan)	115
Tee, schwarzer, mit Minze (vegan)	160
Teigbällchen, süße gebratene	140
Teige	170
Teigfäden, süße, aus dem Rohr	145
Teigtaschen, mit Nüssen gefüllte	142
Thymianomelett (vegetarisch)	26
Tien Matbuch	*144*
Umgedrehte mit Huhn	59
Umgedrehte mit Lamm	98
Würste nach armenischer Art	30
Yachnet Ardishouki	*39*
Yachnet Elkafta	*127*
Yachnet Loubieh	*61*
Yachnet Sabanech	*126*
Za'atar-Gewürzmischung	165
Za'atar-Pizza (vegan)	28
Zaher bi Tahina	*88*
Zimt-Kümmel-Pudding	147
Zucchini, gebratene (vegan)	90
Zucchini, gefüllte, in Joghurt	38
Zucchini, gefüllte, mit Fleisch	96
Zucchini, gefüllte, mit Reis (vegan)	33
Zucchinifleisch, gebratenes (vegan)	91
Zucchiniomelett (vegetarisch)	27
Zuckersirup (vegan)	167